予備校教師からの提言

授業・入試改革へ向けて

駿台予備学校講師
竹内久顕
Takeuchi Hisa-aki

高文研

もくじ

第Ⅲ章　「ロジカル日本史」のすすめ

第Ⅳ章　「自由主義史観」を乗り越える歴史教育

終章　教育改革のなかの予備校

装丁＝商業デザインセンター・松田礼一

はじめに

いささか愚痴めいた昔話から始めさせていただこうと思います。
私は、大学は法学部に学んでおりましたが、大学院は教育学部に進学し、「平和教育」「憲法教育」「歴史教育」といった実践に密着した領域を専攻しておりました。そもそも、「教育学」という学問自体が実践・教育現場との関わりを常に意識しておかねばなるまい、という思いもありました。ですから、民間の教育研究運動や地域の子育て運動などにも参加して実践者や父母とのつながりを意識的に作っていくというスタイルで教育研究の末端を担っていきたい。こんなふうに考えていましたので、結構活動的な大学院生だったなと思っております。

大学院の修士課程も無事終了し、一九八九年に博士課程に進学しました。その同じ年、生活費をまかなうためのアルバイトとして予備校教師を始めることにいたしました。最初は中規模の予備校で右も左もわからない新米教師として始めたのですが、二年目になると、結構手応えがある――この感覚、教師の方々ならばわかっていただけると思うのですが、自分なりの教え方が生徒たちに受け入れられそうだという感触です――このように教師としてのささやかな自信を得たものですから、大手予備校の駿台予備学校の講師採用試験を受けて、九一年から駿台予備学校にお世話になることとなり今日に至ります。単なる「バイト」のつもりだったのですが、いつのまにか「天職」(?)のようにも思えるようになったわけです。

とは言うものの、別に大学院をやめたわけではなく、最初に申しましたような、教育実践・運動との関わりを失わない教育学研究を志す、という己れの立脚点も変わらず保持しておりました。つまり、教育学研究者と予備校教師(実践者)の二つの顔をもった大学院生だったとひとまず理解しておいてください。ところで、そのように理解していただくことに抵抗をお感じになる方もいらっしゃるのではないでしょうか? この辺から、私の愚痴話にお付き合いいただきたいと思います。

私が積極的にかかわってきた民間教育研究団体の一つに教育科学研究会(教科研)というものがあります。民間の教育研究団体としては比較的歴史も古く、『教育』(国土社刊)という雑誌を編集している団体ですのでご存じの方も少なくないかと思います。教育のあらゆる領域にわたって、実践者・研究者・父母・学生など教育に関心あるさまざまな方たちが集《つど》っている団体で、私は「平和・人権と教育」という部会に当初から参加しておりました。この教科研をはじめとして、同様に教育の諸問題に切り込んでいこうという民間の教育研究団体や教育運動に関わり、その集会・学習会などにもよく参加しておりました。そういった場で、多くの熱心な教師や地域の教育運動に取り組んでいらっしゃる父母といった方々に出会い、学ばせていただきました。

そうした集会では、通常分科会に分かれて少人数で議論をしていくものです。その場合、最初に自己紹介をいたしますが、ここに一つの問題がありました。それは、私の「仕事」を何と言うのかということです。九一年ころまでは、予備校はアルバイト意識でやっておりましたので、「本業」である「大学院生」としておりました。ですが、次第に予備校教師としての自覚を強めていった私は、いつのころからか「予備校教師をしております竹内です」と自己紹介をするようになりました。すると、「予備校教師」であると言ったとたん、参加者の中から必ず笑いが起こるのでした。ある時には、休憩時に、「予備校講師がこういう所（＝教育について考える集会ということでしょう）にいるのは場違いですね」と笑顔で（皮肉笑い？）言われたこともありました。また、教育学を研究しているという大学院生からは、「教育学研究を志している竹内さんが、予備校で教えるということに矛盾を感じないのですか？」「予備校は金のためと割り切らないと、とても教育学研究なんかできませんよね？」「予備校と『平和教育』って何か関連があるの？（笑）」といったことを言われ、幾度となく笑われたり非難されたりしてきました。

この手の経験は、実はあげればきりがないほどあるのですが、これ以上あげると本当にただの愚痴になってしまいますので、少し立ち止まって考えてみたいと思います。

今紹介いたしました全ての事例に共通するのは、「予備校と教育は相反する」という認識のようです。そこでは、「予備校＝受験産業＝受験競争に拍車＝受験戦争激化＝教育破壊」といった理解が前提とされているはずです。この図式は、予備校や学習塾に対する一般的な理解の仕方として流布しているものでもあります。ですが、果たしてこの理解の仕方が本当に妥当なのかどうか、一度丁寧に吟味《ぎんみ》してみる必要があると思います。その場合、たとえば「教育とは何ぞや」「学力とは何ぞや」といった教育本質論から予備校を論じていくことが学問的分析としては必要でしょう。ですが、どうもそれ以前の段階――そもそも「予備校ってどういうところ?」という問い、つまり予備校の実態はどうなっているのかという事実の認識――があやふやなままなように思われます。

これは、これまで教育関係の集まりなどで知り合った教師・研究者の方々と予備校について話してみると、予備校当事者である私にとっては驚くべき認識を皆さんお持ちなのです。失礼な言い方ですが、予備校に関するあまりに「非常識」な情報・知識が、多くの教育関係者の間では「常識」となっているのです。

本書をお読みいただければおわかりになりますが、私は予備校を美化するつもりは全くございません。世に、予備校について予備校関係者が書いている本はいくつかありますが、それらは結局執筆者の予備校を美化したり宣伝する意図が見え隠れしています。結論において、私は、予備校のような受験産業はなくなるべきだと思っております。ですが、予備校などをなくすほどの力を学校（公教育）はいまだ持ち得ていないのです。

予備校教師としての私が願っていることは、予備校と学校（公教育）との接点を見出《みいだ》したうえで、受験産業が立ち行かなくなるほどに学校（公教育）が再生・活性化してくれることです。こう申しますと、「もしそうなったらお前は失業するじゃないか」と言われそうですが、今のところその心配はしておりません。なぜならば、残念ながら、近い将来に学校（公教育）がそこまで生き生きとしてくるきざしが見えないからです。

私の願い――予備校と学校（公教育）との接点を見出し、学校（公教育）の再生・活性化に寄与すること――に関して、先ほどの予備校に関する図式的理解をふまえますと原理的に不可能だと思われるはずです。ですが、それは、あまりに「非常識」な「常識」なのです。

ところで、先に申しました私の愚痴話の続きになりますが、私を批判される方々に対して私は真っ向から反論したことはございません。ただ、予備校についての事実認識を確認するだけです。実は、それだけで私への批判が事実に基づかない思い込みであるということが明らかになるのです。

予備校や受験というものが、現在の日本の教育にとって幾多の弊害をもたらしているという点に関しては私も異論はございません。そして、そうした言説は教育関係の論説などでも「常識」的に見かけます。ですが、教育実践・研究に携わっている方々の予備校に関する事実認識のあまりの非常識さに幾度となく驚かされてもきました。ですから、私が不思議でならないのは、予備校・受験についての実態・事実を知らないで、どうやって予備校・受験の弊害を克服していけるのだろうか、ということなのです。あまりの「非常識」が教育学者と呼ばれる方の中でも「常識」化している面があります。

予備校・受験の「非常識」を克服すること、まずそこから始めなければ何も始まらないだろう――予備校教師と教育研究者という一見あい矛盾するかのような両面を共存させている私にできることは、まず事実を提供して学校（公教育）との協同を図っていくことです。本書はこうした動機で執筆されており、以下で予備校・受験の「非常識」を少しずつ打ち砕いていくことで、予備校や受験競争のない世界を夢見てみたいのです。

ところで、試みに素朴な「非常識」を一つだけ破ってみましょう。親しくしていただいている教師や教育学研究者の方々との酒席で必ず問われることがあります。

「収入はすごいんでしょ？」

「予備校講師＝高額所得者」というイメージは結構「常識」化していると思います。九〇年代のはじめに、ちょっとした「予備校講師ブーム」のような現象がありました。予備校講師出身のタレントみたいな方がテレビによく出演していましたし、予備校を舞台にしたトレンディドラマ（「予備校ブギ」九〇年）もヒットしていました。また、有名予備校の人気講師を私生活も含めて取材し紹介するテレビの特番もいくつかありました。そこでは、有名予備校の人気講師がタレント並みの忙しさで、年収も何千万、中には億を超える講師もいるといったことが紹介されていました。

ちょうど私が予備校教師を始めたころで、そういうものなのか、と一種の憧れをもってそうした情報を熱心に集めていたものですが、どうやらこうしたイメージが予備校講師の一般的な像として定着してしまったのではないでしょうか。ですが、年収が二〇〇〇万～三〇〇〇万円以上もあるような高額所得の予備校講師などごく一部の人気講師中の人気講師に限られます。

その辺の背景を統計を通して考えてみます。九〇年代はじめの「予備校講師ブーム」の時期は一八歳人口の一つのピークの時期なのです。九一～九二年の一八歳人口がおよそ二〇四万人でその後減少し続け、二〇〇〇年にはおよそ一五一万人になっており、その結果、

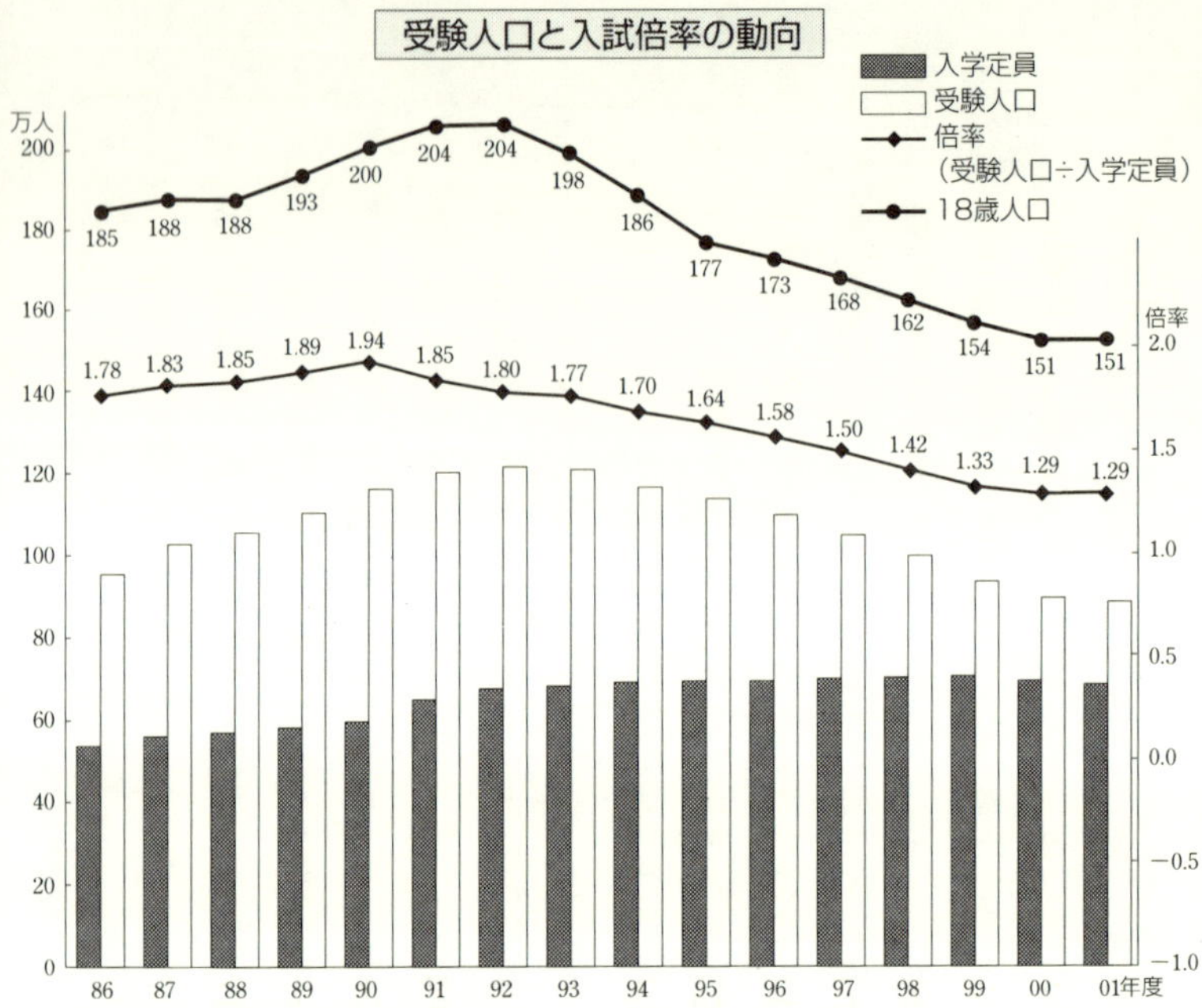

グラフは、駿台予備学校公式ホームページ「2001年度入試動向」掲載のグラフと文部科学省生涯学習政策局調査企画課提供の「３年前の中学校卒業者数」の統計を元に作成

大学・短大への進学を志す受験人口も九〇年に一一六万人で、九二年の一二二万人をピークとして以後減り続け、二〇〇〇年には八九万人です。

一方、九一～九二年をピークとする一八歳人口の増加に対応して大学・短大入学定員枠が拡大され、九〇年の入学定員が六〇万人でしたが九二年以降は六八万～七〇万人でほぼ一定しています（二〇〇〇年は多少削減されて六九万人）。そこで、九〇年と二〇〇〇年の大学への入学定員に対する受験人口の倍率を比較してみますと、九〇年の一・九四倍に対して二〇〇〇年は一・二九倍となっており大学・短大はこの一〇年間でかなり入りやすくなっているのです。

さて、これらの統計から私が何が言いたいか、もうおわかりだと思います。私が予備校教師を始めた時期、そしてそれはマスコミで「予備校講師ブーム」が煽られていた時期でもあるのですが、その頃は受験人口のピークで二人に一人は大学に入れないという状況でしたから、予備校などの受験産業にとってはまさに稼ぎ時だったのです。ところが、その後は入学定員は変わらないのに受験人口は年々減少しているのですから、高望みしなければ大学はどこにでも入れるという状況になってきました。つまり、少子化に伴う受験人口の減少に加え、大学への入りやすさの向上という事態は、予備校にとっては最大のターゲットであったはずの浪人生の減少、経営的に言えば顧客の減少という困った問題を引き起こすことになったのです。いわば、九〇年代初頭の「予備校バブル」が九〇年代半ばころからはじけたと理解していただければよいのです。ですから、一般の企業と同様に、講師・職員のリストラが始まりますし、倒産すなわち閉校する予備校も九〇年代後半になると珍しくなくなります（たとえば、一九〇二〈明治三五〉年開校という伝統を持つ研数学館という有名な中堅予備校がありましたが、九九年度をもって生徒募集を停止しました。事実上の閉校です）。

結局、「予備校講師＝高額所得者」というイメージは、予備校にとっては稼ぎ時だった「予備校バブル」期にマスコミがクローズアップした一部の人気講師のケースだったのです。多くの一般的な予備校講師の状況とは言えませんし、ましてや、「顧客」の減少に悩む今日の予備校に働く者にとっては古《いにしえ》の夢物語とでも申しておきましょう。にもかかわらず、その古の夢物語が「常識」化しており、教育学者と呼ばれるほどの方ですら、このマスコミによって増幅された「常識」を疑っていらっしゃらない。

教育関係者が問題視する予備校や受験体制の実態に対して、「非常識」な「常識」に基づいて策を練っても、出てくる結論は「予備校や受験をなくそう」とでも言うような空虚なスローガンくらいでしょう。これでは結局何も解決しません。本書は、まずこの「非常識」な「常識」を一つ一つ検討しながら予備校の現実を知っていただき、そのうえで、予備校と学校（公教育）の接点を探ることで学校（公教育）の再生・活性化につながるものを見つけだしていくことを願って執筆いたしました。

予備校の無い世の中——これが予備校教師である私が最も願うことなのです。

第Ⅰ章　予備校の現実

「学力低下」の実態

おそらく、次のような指摘に納得される方も多いのではないでしょうか。

「学校ではゼロから生徒に教えていかねばならない。それに対し予備校の授業は、学校で一度は学んでいる生徒を対象とするのだから、発展的な授業ができて当然だ」
「予備校に来る生徒は、受験を突破するという目的意識を持っている。従って、予備校の授業は、学習の動機づけの段階で立ち止まることなくただちに本題に入ることができる」

ところが、予備校生の実態は、ここまで楽観視できる状況にはないのです。高校までの学習のツケと、大学が入学生に対して抱く期待の非現実さと無謀さが、予備校に凝縮されています。

次に示すのは、小学生でも中学生でもなく、予備校に通う大学受験生の言葉です。それも、日本史での大学受験を考えて勉強している、上位学力クラスの学生から最近受けた質問です。今どきの予備校生の現状を理解していただくための参考として挙げる事例で、例外的な笑い話なのではありません。

「えっ、朝鮮って中国の一部じゃないんですか？」

どうも説明をしていて話がうまく通じなかったので、「朝鮮って中国の隣でしょ？」と言ったら、驚いたようにこう言われました。

「台湾と満州って違う所なんですね」

これには、毎年複数回出会います。台湾出兵とか満州事変といった入試で必須の歴史名辞について、それを文字としては知っているが、意味がわかっていない、あるいはイメージ化できていない事例。前の「朝鮮って……」も同じケースで、教師にしてみれば、朝鮮と中国、台湾と満州は別だということは余りに当然過ぎるので、こういった誤解があるとは夢想だにしないのですが、結構こういうケースは多いのです。

「『インキ』（「隠岐《おき》」のこと）ってどこにあるんですか？」

社会科の基礎知識、というより一般常識のはずの知識が欠落している事例。例えば、京都と奈良の位置関係や、四国四県の配置はわからないものと前提して授業をします。

「『イナゴ』って日本史用語集に載っていないんですけど？」

確かに、日常生活で見たことがないので、歴史用語と勘違いしても仕方ないかもしれませんが、「高位高官」が日本史用語集に載っていないと指摘しにきた学生までいました。ほかにも、「田と畑ってどう違うのですか？」「土管って何ですか？」という質問も幾度かありました。自分の身の回りにないものは存在しないも同然なのです。
ちなみに、「田と畑」の違いがわからなかったある学生は、早・慶・上智大のすべてに合格していますので入試を突破するうえでは必要ない知識のようですが、それにしても……と思います。もっとも、考えてみれば、今の生徒の生活環境の違いを含み込んで授業を構成してこなかった教師の責任なのかもしれないと自戒しています。

「政府と内閣ってどう違うのですか？」

正直申しまして、説明のしようがない質問です。が、小学校以来何度も習ってきたはずなのに理解できていない社会科の基礎概念はイロイロあります。例えば、「野党と与党」「保守と革新」も、きちんと授業で説明しないと使えません。「将軍と大名と武士」や「幕府と朝廷」の違いを質問されたこともあります。ちなみに、以前「政府と内閣」の違いを聞きにきた学生は、慶応大に合格しました。

「『ゲヤ（下野）する』ってどういう意味ですか？」

一般的な語彙《ごい》の欠落。例えば、「典型的」「優越的」「失脚」「反動的」の意味を質問されたこともありました。「下野というのは……」と、いちいち意味を補足しながら授業をします。

「二公一民」とは何分のいくつかわからない。

これは、分数の概念が理解できていないということです。ですから、授業で「二公一民」がでてきたら、黒板に○を二つ（これが「公」＝税）、●を一つ（これが「民」）書いて、「まるが全部で三つあって、その内の二つが税なのだから、税率は『三分の二』です」とやっています。

くどいようですが、これは大学受験予備校での授業です。また、日本史の入試で、石高《こくだか》の計算が出題されることがあるのですが、この場合、面積や石高の単位の換算の仕方から教えます。小学校でやっているはずの、単位をそろえて計算するというやり方が、石・斗という単位になるとできないのです。

以上のケースから、「受験学力」「旧学力」と言われてきた学力のみならず、一般常識に属する知識や、そもそも日本語の能力すら危うくなっていることがわかります。私たち予備校教師は、高校の日本史を、あるいは中学校の社会科をきちんと学習しているはずだ、とは前提できないのです。小中学校で学習するはずの知識・理解をも含めて、白紙の状態から日本史を学習するものとして授業を構成せざるを得ません。

知識偏重はいかん！　とよく言われます。たしかに、意味もわからずに知識を詰め込むような愚劣な授業は、学校にしても予備校にしても当然排除されるべきです。ですが、以上のようなケースに毎年毎年遭遇していると、本当に今までの教育は知識に偏重していたのだろうか。つまり、実は、「偏重」と指弾されるほどには知識を身に付けさせてはいなかったのではないのか、とすら思ってしまいます。

学習指導要録の改訂（一九九一年）以来、「知識・理解」よりも「関心・意欲・態度」を育てよう、と言ってきた文部省（当時）の「新学力観」政策のツケの支払いが、予備校教師にまでまわってきたようです。この「知識」の危機に対しては、学校の教師も予備校教師も共通の土俵の上にのぼらされているように思います。

トンデモ受験参考書

では、予備校生は、たとえそれが受験のための勉強であっても、学習に対する積極的関心を持ち、意欲的な態度で勉強をしているのでしょうか。

書店の受験参考書コーナーをご覧いただくとわかるのですが、二十年くらい前に比べると、売れ筋の参考書はずいぶんと様変わりをしています。私が受験生だったころに定番と言われていたものは、だいたい有名大学の教授や有名進学校の教師が書いたものでした。

たとえば、歴史学者の家永三郎さんが書いた日本史の参考書もありました。ですが、今、受験生の間でよく使われる参考書・問題集は、ほとんど予備校講師が書いたものです。特に、予備校講師の授業をテープ起こしして誌上で再現したスタイルの参考書（たとえば『実況中継』といったシリーズ）に人気が集まっています。

最近の参考書のヒット作の特徴をいくつか紹介してみましょう。

❖語り口調で書かれる

授業での口調ですから、「〜である」調ではなく「〜です」調が中心で、「〜なんだよ」「〜しようね」といった表現もよく使われます。ところで、こうした文体の参考書で勉強していると、確かに読みやすいのでスラスラわかったかのような気はするでしょう。ですが、ここに入試問題を解くうえで致命的とも言える落とし穴があるのです。こうした文体に慣れていると、入試問題の問題文が読解できなくなる危険があるのです。最近の受験生に増えているのですが、問題の答えがわからないという以前に、そもそも何が問われているのか、つまり、問題文の意味がわからないという質問がしばしばあります。これは、国語の読解力が欠落しているということでもあるのですが、日本史を理解するときに、語り口調で理解しているので、同じ内容のことでもそれを日頃読み慣れていない文章体で問われると答えられなくなるのです。

❖入試問題に照準をあてる

「ここが出る」とか「入試ではこのように問われる」といった指摘がやたらとあります。私も、参考書を出したことがあるのですが、その時、「『ここが盲点』『入試必出』というのを必ず入れてください」と出版社から念を押されました。

❖安易な点取りテクニックに走る

よく売れている受験参考書には「こう問われたら、こう答えよう」といった「パズルの解法」式のものがあります。マニュアル化してくれると、楽に点が取れるからいいや、と錯覚した受験生（実際の入試問題は、第Ⅲ章で紹介しますように、そこまで短絡的ではありません）が飛びつくようです。ですから、参考書のタイトルも『速解』『超速』といった、いかにも安易に得点できそうなタイトルのものも目立ちます。こういった参考書は、当然のことながら、内容の点で不正確、いい加減なものがほとんどなのですが、よほど力のある受験生でない限り、こうした気楽に読める安直本にすがるのが現状です。

❖面白ければ何でもあり

ある大手予備校の元講師が出している日本史参考書の例なのですが、いかに日本軍が立派だったかを延々と語って軍人賛美をしたり、「東京裁判史観はリセットしよう」という呼び掛けまでしている不思議な参考書がベストセラーのようです。つまり、学問的・通説的理解は無視し、面白く読めて売れれば何でもOKなのです。

すぐれた歴史教育実践者として著名なある高校の先生とお話ししたときに、「受験参考書はご覧になっていますか?」と尋ねたことがありますが、「ない」というお答えでした。教科書に関しては実に多くの研究・分析がありますが、受験参考書に関してはほとんど皆無に近いと思います。ですが、テスト対策(定期試験と入試)をする生徒にとって、受験参考書の影響力は非常に大きいはずです。

安易でいい加減な参考書がヒットするという現状は、生徒たちの教科理解・知識が安易でいい加減なものに堕してしまうということに連なります。よく言われる「学力低下」の背景に、そうした受験参考書の問題がありそうなのですが、教育学者や実践者の方々はそうはお考えにならないのでしょうか。

ノートが取れない予備校生

二十年ほど前、私も一年間予備校に通いました（一九八一年）。当時、学生たちから絶大な人気を集めていたある歴史講師の授業は、マシンガンのように語り続けるといったスタイルで、私たちは必死になって講師の話をノートに書き取ったものでした。

それから十年、今度は私が日本史教師として予備校の教壇に立つことになりましたが、すでにその頃に異変は起きていたのです。

授業のやり方がわからなかった私は、幾つかの予備校の「人気講師」のやり方を調べたのですが、かつて私が受けていたような授業はもはや古いタイプでした。それに代わって、ビジュアル的に美しく入試の必要事項が網羅されている板書をする講師が人気を博しているのです。学生は、その板書をひたすら書き写すことで、受験勉強のバイブル的なノートが作れることになるのです。

さて、こうした現状に対応するために、私も板書中心の授業を工夫しました。毎年改良に改良を重ね、日本史の全体をオリジナルの表形式で整理するというビジュアルな板書スタイルを作り上げ、学生の間でもかなり好評でした。私が猛烈な勢いで黒板の隅から隅まで使って書き進めていくと、学生は手がしびれるほどの速さで書き写していきます。

学生にしてみれば、こうすることで、「勉強」をしたと思える妙な充実感があるのでしょうが、こうした授業がヒットする背景には、もっと困った問題があります。

それは、そもそも自分でノートを書き取ることができなくなったということです。教師の語り中心という古いタイプの授業の場合、授業を受けながらノートをまとめていくにはそれなりの基礎知識・理解が必要です。また、聞いて理解したことをその場で文字化できるだけの判断力・文章表現力も欠かせません。

ところが、それからさらに十年過ぎた今、いっそう困った事態が起こりつつあります。板書を書き写すことができなくなってきたのです。

受験で必要なことはすべて私の板書に詰まっているのですから、横着な受験生にとっては天の救いのはずですが、書くのが疲れるといった声が聞かれるようになったのです。さらに、筆記のスピードが目に見えて遅くなってきました。その結果、学生の筆記に合わせていると、授業進度が大きく遅れてくるのです。

そこで、三年前から、本来の板書内容をプリントにして配布し、それをノートの左ページに貼らせ、授業中の私の説明や補足を右ページに書かせるといったスタイルに転換しました。しかも、書くときに用いるペンの色や書く位置などもいちいち指示します。従って、ノート作りに関しては自分で工夫せずとも、私の指示通りにしておけば受験で使える完成度の高いノートができることになります。

「そこまで過保護にしていいのか」とお叱りを受けそうですが、こうでもしなければならない学生が予備校に送り込まれてくるのです。勉強のお膳立てをすべてやってもらおうとする、ノートのとれない今の予備校生を見ていると、知識・理解力・文章力の低下に加え、自分で自分の道を開こうという意欲も関心も失われてきたように思えます。彼らは、手とり足とり管理されることを望んでいます。受験生は実におとなしくなってしまいました。

もっと困った事態も起こり始めています。ここ二〜三年の人気講師のやり方には、授業中に暗記をさせてくれるというスタイルがあり、それを求める学生が増えつつあるのです。例えば、授業中に講師が一問一答形式で発問して用語を暗記させるといった、本来なら自分一人の勉強でやるようなことをやってくれる授業です。自分で勉強するという意欲はさらに低下しているのです。

レジャーランド化した予備校

「休憩時間には単語集の暗記、授業終了後は自習室で予復習。同じ教室で学ぶ者は受験情報の交換くらいはやっても、所詮はライバルで決してお互いに心は開かない。『受験戦争』の名のごとく予備校はまさに最前線の戦場のような所」という文章を今の予備校生が読んだら、どこの世界の話だろうかと思うのではないでしょうか。これは、二十年以上前の予備校像です。最近の予備校生の実例を二、三紹介してみます。

勉強方法を相談にきた高卒生に、毎日の生活について尋ねてみました。週末は予備校の友達とカラオケや飲み会。時にはそのまま友達の家でお泊り会。普段も、授業終了後はバイトやゲームセンターとか、ファーストフードの店でのおしゃべり。「だからなかなか復習の時間がとれないのです」という悩みでした。ちなみに、この生徒、志望校は早慶大です。みんなそうしているからこれが当たり前と思っていたとのこと。さすがに私の忠告で改めたみたいです。もちろん、昔ながらに必死にやっている受験生もいますが、いま紹介したようなケースは決して珍しくないのです。

受験に恋愛は御法度《ごはっと》。なんてことを言っていると笑われます。「自習室で高卒生にナンパされて今付き合ってんの」と講師室で楽しそうに話している女子高生もいますし、「三角関係」に悩んでいると相談にきた学生もいました。「彼女以外にもセックスフレンドがいるんですよ」と私に自慢していた高卒生もいました。

八十年代のころ「大学のレジャーランド化」が言われていましたが、今では「予備校のレジャーランド化」が進んでいます。「ライバルに勝て」とか「勉強やらなきゃ落ちるぞ」といった脅し文句は効きません。「競争」を動機づけとして勉強に追い込むといった古典的な手法は使えません。予備校はもはや「戦場」ではなくなりつつあります。「受験競争」

は確かに行われています。ですが、「受験戦争」という言葉は、少なくとも予備校ではもはや死語なのです。

予備校は、志望校（私立系か国立系か、文系か理系か）や学力、学年（高三生か高卒生か）によってクラス分けされていますが、友達関係をつぶさにたどっていくと、そういったクラス分けには関係なく輪が広がっています。時には、十人から二十人くらいの友達集団ができあがっているようです。遊んだり勉強を教えあったり、そして恋愛関係もその中で展開しています。ところで、入試の結果は必ずしも本人の志望通りにはなりません。同じ大学を志望していても、受かる者も落ちる者もいます。ところが、この予備校時代にできた友達集団は、結果がどうあれ、大学生になってからも続くケースもよくあります。

教育学者の佐伯胖《さえきゆたか》さんが、塾などでの友人関係を「戦友意識」と表現していますが、もしそうであれば、「勝者」と「敗者」に分かれたあとではその相互間にはわだかまりしか残らないはずです（佐伯胖『子どもが熱くなるもうひとつの教室』岩波書店、一九九七年、二八ページ）。彼らの意識は佐伯さんが言うほど単純ではないのです。だいたい、「戦場」で飲み会やナンパが日常化するというのも妙な話ではないでしょうか。予備校生の関心・意欲・態度は、受験勉強のみに向いているのではなく、散漫かつ雑然と「多様化」しているのです。

予備校の授業の仕組みと講師の地位

「これから一年間予備校に通おう」と思った学生が、四月に予備校への入学を申し込み授業料を納めるのですが、その時申し込むのは、「通常授業」の受講です。つまり、学校でいえば、一学期・二学期の授業で、これは、学校と同じく毎曜日の時間割りが決められています。ですが、予備校には、夏休みや冬休み期間に「講習会」があります。講習会の設定の仕方は予備校によってかなり異なりますが、たとえば、一日三時間で四日間完結、つまり全一二時間の授業で一つの講座が設定されたりします。これは、通常授業とは異なる授業が設定されます。たとえば、「早慶大日本史演習」とか「日本文化史」といった感じです。

こうした講習会は、四月申し込み時の通常授業には含まれておりませんので、別途申し込んで受講することになります。もちろん、受講するもしないも、またどの講座を受講するかもすべて学生が自由に判断して申し込みます。さらに、一学期・二学期の通常授業はとってないが、講習会だけとってみようという受験生も少なくありません（この場合、講習会の授業が気に入ってそのまま二学期から途中入学してくる学生もおります）。それだけに、どの予備校にとっても、講習会はいわば稼ぎ時なので、「集客力」のある講師でないと講習会の講座を担当させてはもらえません。講師にとっても、講習会でどれだけの学生を「集客」できるかによって、その後の評価・待遇に大きな影響が出るのです。

「はじめに」で予備校講師の収入について少し触れましたが、講師の地位についても若干の説明をしておきます。

予備校講師のほとんどは「非常勤講師」です。学生への対応や予備校の運営・企画などに携わっている予備校職員が一般の会社における「正社員」にあたるとすると、講師は「パート」や「アルバイト」に相当します。学校法人格の大手予備校でも、一般に「専任講師（常勤）」と呼ばれる講師は極めて少数なのです。

非常勤講師は一年契約です。新年度の始まる四月はじめころにその年度の単価（授業ひとコマ当たりの給料ですから、時給のようなものです）とコマ数（担当する授業のコマで、たとえば、週二〇コマといった具合）が決まりますので、年俸制に近いのです（ただ、通常学期の授業とは別に、夏季講習会や冬季講習会の単価とコマ数は別途決められるので、純粋な年俸制というわけではありません）。

ですから、ある年度にこちらの希望する単価とコマ数が得られたからといっても、次の年度にどうなっているかは全くわかりません。さらに、保険・年金のようなものもありませんので、私の場合だと、自分で国民健康保険に入っております。たしかに、二〇歳代のころであれば、同年代のサラリーマンに比べ年収は多いでしょうが、長期的に考えれば、経済的に割りの合う仕事と言えるのかどうか。世間で言われるほど美味しいものではないように思います。

ついでに、どんな人が予備校講師になるのか――私の周辺を見渡してみると、比較的若い世代の講師だと、私と同じように大学院生のころから予備校で教えているという講師が多いようです。この場合、かつての私のように大学院に在籍しながら予備校の教壇に立っているということになります。また、大学在学中から予備校講師を志しており、従って大学卒業と同時に講師になるという人も若手の中では珍しくありません。ただ、この場合、残念ながら勉強不足のまま教壇に立つケースが多いので将来性は賭けかもしれません。

一方、私より上の世代の講師だと、かなりバラエティに富んでいます。元高校教師・元会社員などから、現職の大学教授や医者などなど。さらに、元（現？）学生運動活動家――職業とは言えないでしょうが――大手予備校の有名講師に元活動家の経歴をお持ちの方は珍しくありません。そして、かつての運動経験を熱く語ると学生たちもそれに新鮮な驚きを感じ興味深く語りに耳を傾けるという状況が、数年前まではありました。ですが、すでに私の大学在学中（八二年入学）ですら、運動に関わる学生は少数派でしたので、今の予備校生にとっては過去の出来事に過ぎなくなっています。熱く語られる運動経験に対しても冷ややかな反応をする学生が年々増えているようです。

私が受験生だったころ（八〇年代初頭）、べ平連（ベトナムに平和を！　市民連合）の小田《おだ》実《まこと》さんが代々木ゼミナールの講師をなさっており、「お！　あの小田実が予備校にいるのか」と興味津々《きょうみしんしん》だった記憶がありますが、すでに予備校にはいらっしゃいません。小田実さんは、実は高校日本史の教科書にも載っているのですが、今の予備校生にとっては「歴史上の人物」（！）としてイメージされています。現に、「『オダミノル』って試験に出るんですか」と質問されたこともありました。予備校講師の世代感覚・同時代体験は、私あたりの世代を境に大きく変わっているのかもしれません。

第Ⅱ章　予備校に対する大いなる誤解と疑問

まずは、次の言葉をご覧ください。これらは、私の予備校での授業アンケートに書かれたものや、予備校卒業生に予備校を語ってもらった時のテープ起こしからの引用です。


「高校での日本史の授業は断片的な事実の羅列だったが、事実の相互関係を考えつつ時代をダイナミックにとらえる視点を予備校で初めて学んだ」

「太平洋戦争・戦後のことは私達が一番知らなければならないことなのに、高校の授業でも時間の都合などでほとんどおざなりにされてしまっていて、予備校で教えてもらうまでほんとうに何も知らなかった」

「学校の学習のみで戦争を学んだのであれば、例えば『謝罪』ということがなぜ大きな問題になったのだろうかということすら理解できなかった」

「高校教師に政治・社会問題を問うても『そういうことには答えられない』『よくわからない』という反応が返ってきた。予備校講師は授業で積極的にそうした問題を取り上げ、また明確な自分の意見を持っている。『自分の意見を語れる』という点で予備校講師の方が信頼でき、またよく勉強していると感じられる」


さて、これが予備校の授業に関する学生の声の一部ですが、本章ではこのことが学校教育に対して投げかける問題の意味を考えてみたいと思います。「はじめに」でも論じましたが、予備校について多くの方々が抱いているイメージは、余りにも実態から乖離《かいり》しているものが少なくありません。そこで、しばしば予備校に対して向けられる誤解・疑問にお答えするという形で検討していきたいと思います。

学生が握る予備校講師の「生殺与奪の権」

誤解と疑問①　予備校生は入試突破という確固とした目的意識を持って受講しているのだから、授業崩壊はあり得ないのではないか。

予備校講師と学校の教師の違いの一つに、予備校講師は学生によって評価されるという点があります。予備校側が学生に対して年に数回授業アンケートをとっておりまして、その結果は集計されて各講師に送付されます。アンケートの内容などは予備校によって違うのですが、たとえば、「この講師の授業には満足ですか」という問いに対して「大変満足・満足・普通・不満・大変不満」の中から選ぶ、という項目はどこにでもあるようです。こうした授業アンケートの結果や学生の授業への出席率・受講率などをもとにしてその講師に対する評価が決められ、次年度の授業コマ数や一コマあたりの単価給が決められます。もちろん、評価の高い場合はコマ数が増えますが、低いときはコマ数削減、場合によってはコマ数ゼロ、すなわち解雇もあり得ます。

また、どの講師の授業を受けるのかは、本来時間割りの上では決められているのですが、実際には、学生はつまらない授業には出ないでお気に入りの講師の授業に出たりして、自分で時間割りを勝手に組み替えています。これを「もぐり」と言います。その結果、例えば、四月の開講時には一〇〇人のクラスだったのが、七月には五〜六人になっていたり、また逆に「もぐり」学生で教室が埋まるということもあります。学生間での講師情報の広まり方は驚くほど早く、ひとたび「あの先生の授業はいいらしいよ」という噂が流れれば、他クラスはおろか他校舎、時には他予備校からまで「もぐり」学生が集まってくるのです（他予備校からの「もぐり」に対しては、予備校側も抜き打ちで学生証検査を行ったりして警戒しているようです）。

そして、いったん「もぐり」が増え始めると、「あの先生の授業はもぐりが続出するほどすばらしい」という評価が定着し始め、「もぐり」が「もぐり」を呼びます。夏季・冬季の講習会は、たいていどこの予備校でも受講したい講師の講座を申し込めるようになっています。ですから、一学期中にこうした「もぐり」続出状況が生まれたら、そのまま「もぐり」学生たちが夏季講習会でその講師の授業を、今度はお金を払って申し込むわけですから、予備校にとっては貴重な講師ということになり評価も高まります（業界用語ですが、こうした講師を「集客力のある講師」と呼んでいます）。こうして、不人気講師と人気講師が明瞭に分けられてしまうのですから、中には意図的に噂を流して「もぐり」学生を集め、自らの「集客力」を高めようという講師もいますが、もちろん、授業の中身自体が粗雑であればうまくいきません。

ずいぶん威勢のいい講師の例をお話しましたが、逆の講師はどうなるのでしょうか。四月、五月と日を重ねるにつれ、次第に学生は授業に出なくなります、というより他の講師の授業にもぐっているのです。こうした講師の場合だと、夏季講習会などの授業はそもそも予備校からの依頼がきません。つまり、夏季・冬季は失職状態です。幸い私はこういう経験はありませんが、人づてに聞くところでは、そういった講師に対しては予備校側から授業の改善などの要求が行われ、それでもアンケート評価などが向上しない場合には次年度の担当コマ数に大きく影響することになるようです。

私がかつてお世話になっていた予備校では、あまりに授業アンケートの評価が低いため、一学期限りで解雇される講師も時折見かけました。また、こんなこともありました。

ある予備校の講師室で、元高校教師だったという講師が職員を怒鳴りつけていました。「最近私の授業に出席する学生がどんどん減っている。もっと出席するようにきちんと指導しなければ駄目じゃないか!」。もうおわかりだと思いますが、この方は予備校講師の世界が全く理解できていないのです。その講師の授業に出なくなった学生は、いい授業をやっている他の講師の授業にもぐっているのです。その後その講師がどうなったのか存じませんが、そのままであれば消えているはずです。
予備校では学校に見られるような授業崩壊は起こりにくいでしょうが、授業（講座）そのものが消滅するということがあるのです。授業成立の主導権は完全に学生が握っていますので、講師が必死になって授業を作り上げていかなければ、授業崩壊どころか「授業消滅＝失職」という事態に追い込まれてしまいます。先ほどの元高校教師の講師の事例のように「職員がきちんとしていない」とか「最近の学生は怠け者になったなー」などと呑気なことを言っているような講師は簡単に消滅します。ですから、予備校講師は、学生が求めているもの、つまり「おもしろく」「わかりやすい」授業を常に追求していなければ、自らの地位が吹き飛んでしまうのです。

パフォーマンス的授業は淘汰される

誤解と疑問②　予備校生が求めている「おもしろい」授業とは、パフォーマンス的な授業ではないのか。

私が初めて予備校教師となった年の授業アンケートに、「学校の授業みたいでおもしろくない」というものが幾つもありました。そこで、笑える話や語呂あわせを考えたり、授業中に歌を歌ったりもしました。ですが、彼らが求めていた「おもしろさ」とは、どうやらそうしたパフォーマンス的なものではなかったようです。

教育学者の佐藤学さんが、都内の大手予備校の次のような事例を紹介しています（「『学び』から逃走する子どもたち」『世界』一九九八年一月号）。まず、「人気講師が二十代の甘いマスクの男性講師で、授業の内容より美貌で人気を獲得している」と指摘します。そして、その授業のようすも「前半は、教卓の上の山のようなプレゼントに付された手紙を読み上げ、ディスク・ジョッキーのノリで一方的なおしゃべりが続く。それでも生徒のノリが悪いと、自らギターを手にして歌を歌うという運びなのである」というものだそうです。

別に佐藤さんはこれが予備校の一般的な状況だとは一言も言ってはいませんが、おそらく、これをお読みになった読者の多くはそのように思われるのではないでしょうか。ですが、実は、予備校に詳しい者がこの佐藤さんの紹介記事を読めば、どこの予備校なのか見当がつくのです。私がこれから批判する「受験テクニック伝授型」の授業や歌ったり踊ったり叫んだりといったパフォーマンス中心の授業がヒットする予備校があるかと思えば、逆にそういう授業やると学生たちから総スカンを食らうような予備校もあります。

予備校講師の尾城久雄さんは、パフォーマンスに走る講師の授業を受けた学生の声を紹介しながら次のように論じています（「受験バブルがはじけた予備校のゆくえ」『ひと』一九九七年三月号)。

「ある中堅予備校に通う女生徒は、無駄話の多い若手講師について、『わたしたちとコミュニケーションを計りたいためかなと思っていたが、毎回のことで肝心の授業が半端でなく進まず、本当に頭にきた』と述べています。結局、時間の無駄と考えて、その授業には出席しなくなったそうです」

「こうした、『人気講師』に対するフィーバーは、堅実に勉強しようと予備校にやってくる生徒をしらけさせているのも事実で、ある有名な超人気講師の授業をとった生徒は、『もう二度ととらない。とても落ちついて授業を受ける雰囲気ではない』と語っていました」

「父母や生徒自身がその教育内容をよく検討し、『選ぶ』という方法で淘汰されるべきだと考えます。授業やテキストをよくチェックして、生徒ウケだけをねらっている講師や予備校は排除すべきです」

と、まことに痛烈に論じております。私も大いに共鳴できるところです。

予備校の「人気講師」像

駿台予備学校で教壇に立つようになったころ、まだ予備校教師として駆出《かけだ》しだった私は、

「人気講師」といわれる講師に対する学生の声をいろいろ探ってみました。すると、「〇〇先生の授業のおかげで、勉強の（あるいはその教科の、あるいは学問自体の）おもしろさが初めてわかった」「現代の社会問題・平和問題に関心を持つようになった」「なぜ自分が大学に行こうとしているのかに気付いた」といったような、いわば「目からウロコ」的な感動を味わった者が多数いるのです。つまり、学生が求めていた「おもしろさ」とは、パフォーマンス的なものがあってもいいのですが、それ以上に、「学校の授業を越えるおもしろさ」、すなわち「感動」だったのです。

そこで、駆出し予備校教師だった私にとっての次なる課題は、どうやったらそういった質の「感動」を学生たちに伝えることができるのかということです。転々と職を変え波瀾《はらん》の半生を送ったうえで予備校の教壇に立つようになった講師だと、自分の経験から学生たちの目を開かせるような話題を語って刺激を与えるということもできるでしょうが、私にはそのような蓄積はありません。となると、雑談（無駄話という意味ではなく、教科の理解とは直接関係はないが「ためになる話」という意味）で勝負するのではなく、教科（日本史）の中身で勝負するという正攻法で「感動」を伝えられるような授業を工夫するしかないなと考えたのです。それは、一言で言えば、「日本史がわかった！」と生徒に言わせるような授業、という実は全くオーソドックスな授業です。

「そんなこと、当たり前だろ」と誰もが思われるはずです。そこで、少し遠回りになるのですが、予備校の授業に「感動」し、「やっとわかった！」と言う学生が多くいるのであれば、なぜ彼らは学校の授業ではそれらが得られなかったのかということを考えてみます。つまり、「当たり前」であるはずのことが必ずしも「当たり前」ではないのが現状ではないかと思うのです。冒頭に掲げた元予備校生のことば――

「高校での日本史の授業は断片的な事実の羅列だったが、事実の相互関係を考えつつ時代をダイナミックにとらえる視点を予備校で初めて学んだ」（三七ページ）

このことばを手がかりに、予備校生が授業に求めるもう一つの要素である「わかる」ということを掘り下げてみます。

「わかりやすさ」は「点を取れる」ということか

誤解と疑問③　予備校生の求める「わかりやすい」とは、簡単に「点が取れる」ようになることではないのか。

入試で「点が取れる」ようにならない授業ならば、予備校講師としては失格です。ですが、「点が取れる」とはどういうことなのか、それを丁寧に検討しておく必要があります。

おそらく、「点が取れる」ような授業と言われた時、一般にイメージされるのは、「受験テクニック伝授型」の授業でしょう。たとえば、「これとこれだけを覚えておけ」「こういう問題にはこの公式を当てはめればＯＫ」「『まったく』とか『決して』ということばのある選択肢は怪しい」といったタイプのものです。あるいは、知識の大量暗記で受験を乗り切らせようとする、ドリル的暗記中心の力わざの授業もあります。たとえば、ある大手予備校の日本史の講師で、山川出版社の『日本史用語集』（全ての日本史教科書に載っている歴史用語一万九〇〇語を網羅的に収録している辞書的な参考書）を全部覚えまくれ！と受験生をけしかけているような人もいます。

たしかに、そういった予備校の授業も珍しくありません。そこで、まず、そういった「受験テクニック伝授型」の予備校の授業がどういうものかを確認してみましょう。幸いなことに、そういったタイプの授業を知るうえで格好の素材があるのです。

予備校講師が予備校で行っている授業をテープ起こしして編集するというスタイルの受験参考書で、『実況中継』（語学春秋社刊）というシリーズものがあります。全教科にわたるシリーズになっており、各教科とも予備校の有名講師の授業を誌上で再現しているのです。ですから、文体は全編語り口調になっており、読みやすいため受験生の間ではいずれもベストセラーになっています。

この中の『日本史講義の実況中継』（上・中・下巻、菅野《かんの》祐孝《ゆうこう》著、以下『実況中継』と略記）

は八九年に初版が出ておりますが、「菅野の実況中継」と言えば日本史受験生であれば知らない者はいないというほどのベストセラー中のベストセラーになっております（現在は三巻とも絶版）。その後、どういう経緯かは存じませんが、『日本史講義の実況中継』の改訂版のような参考書が、『大学入試合格ナビ　菅野の日本史B講義録』（菅野祐孝著、代々木ライブラリー、以下『講義録』と略記）として二〇〇〇年に出版されています。いずれも、予備校の人気講師の授業がどういうものかを探る資料としては貴重なものなので、一つの例として紹介しておきます。

A「もし、太閤検地《たいこうけんち》に関する問題文の中で、『（　　　）の原則』という言葉が見えたら、その前の空欄には必ず『一地一作人《いっちいっさくにん》』が入る。それ以外の語句はない。これ覚えておいてくださいよ」（『講義録』第二巻一八一ページ）

B「……日中戦争のスローガンは、日本を中心とする東アジアに新しい世界を作っていこうということです。これを東亜新秩序と呼んだ。受験生は、東亜新秩序といったら、これは日中戦争だ、と結びつけて覚えればいい。それでやがて勉強しますけれども、大東亜共栄圏といわれたら、これは太平洋戦争だというふうに、戦争遂行の目的をはっきりと区別して理解しておいてください」（『実況中継』旧版下巻一九三ページ）

C「『歴史的意義』といわれた場合は、人名、年代、事件名は答えの文中に決して入れない。入れたら事実の羅列になって、意義ではなくなってしまう。……ですからその場合の答え方は『何々するきっかけとなった』、『契機となった』あるいは『最大の何々だ』とか『最初の何々だ』という言い方で文を結ばないと答えにはならない。得点になりません。したがって、『壬申《じんしん》の乱《らん》の持つ歴史的意義は?』と聞かれたら、こんなふうに書いてください。『古代宮廷内部における皇位継承をめぐる最大の事件。』これが答えです。『最大の事件』の代わりに『最大の反乱』でもいいです。これ以外は点数にならない。六七二年なんて入っていたら〇点、はねられてしまいます。皆さんはこれをせりふだと思って暗記するしかないということですね。ノートにメモしておこう」(『実況中継』旧版上巻一一三ページ)

　こういった授業を見ると、まさに予備校の授業は受験テクニックの伝授にすぎないと誰もが思います。たしかに、これらは、歴史の授業ではなく、「こう問われたらこう答えよう」式の、単なる「パズルの解き方」を伝えているに過ぎません。Aは見るからに「パズル」を解いているだけですし、Bにしても、「東亜新秩序」や「大東亜共栄圏」の実態がまるで理解できていなくても機械的に解答が出せるのだと言っているに過ぎません。Cに至っては、歴史的思考自体を放棄させるものですから、真っ当な歴史教育者から見ると「犯罪的」とも言えそうな授業のやり方です。このCについてもう少し丁寧に吟味《ぎんみ》してみましょう。

Ｃの場合、「『歴史的意義は』と問われたときにはこういうふうに答えなさい」ということで機械的に、つまり思考せずとも解答が出せるような「公式」を示しております。ですから、壬申の乱という事件がその後の歴史の展開にどのような影響を与えたのかということを多面的に考え、壬申の乱に関する自分なりの歴史イメージを作り上げるといった思考作業は不要ということになります。しかも、その結果出てきた答えが「古代宮廷内部における皇位継承をめぐる最大の事件」という、単に壬申の乱という事件の内容の要約に過ぎない単純なものです。

ところで、おそらく、この答えでは不十分であることに著者も気付いたのでしょう。『講義録』の方では、同じ部分が次のように書き改められています。「古代宮廷内部における皇位継承をめぐる最大の事件で、皇親政治確立の契機となった事件」（八〇ページ）、これならば、壬申の乱が「皇親政治」という新たな政治体制（とりあえず、「皇親」＝「天皇の親族」と考えてください）の創出につながるという点が示されているので、『実況中継』の答案よりは一歩前進です。ですが、なぜ壬申の乱が「皇親政治」を可能としたのかという理由についてはは説明されていません。ですから、こういう授業を受けた学生は、理由を考えることなく、「とにかくそうなんだ」と暗記しておいて機械的に公式に当てはめて解答するということになるのです。

壬申の乱と「皇親政治」の関係について私は次のように授業を展開しています。

まず壬申の乱の説明をするのですが、その時におもしろおかしい合戦の話はしません。壬申の乱は、天智天皇の死をめぐって天皇の弟大海人皇子《おおあまのおうじ》と天皇の子大友皇子《おおとものおうじ》との間に起こった皇位継承争いです。当時の都である近江大津宮（現在の滋賀県）に残った大友皇子側には蘇我《そが》氏をはじめとする中央の有力豪族がつきます。一方、都からはるか南の吉野（現在の奈良県）に移った大海人皇子は東国の豪族の協力を得て大津を攻めます。その結果、大友皇子側が敗北したのですから、この時大友側についた大豪族は勢力を失います。

天皇（まだこの段階では「王」あるいは「大王」と呼ばれていますが）の権力というのは、それまでの大和政権内部では必ずしも確固とした不動のものだったわけではありません。有力豪族の支持がなければ簡単には即位できませんし、支持を失えば暗殺されることすらあったのです。壬申の乱直前の天皇は、先ほど出た天智天皇でした。天智天皇（中大兄皇子《なかのおおえのおうじ》）と言えば、古代の天皇のなかでもかなり有名な人物で、中臣《なかとみ》氏（のちの藤原氏）とともに蘇我入鹿《いるか》を滅ぼして大化の改新を主導した人物です。となると、きっと絶対的な権力でもって政治を動かしていたのではないだろうかと思われがちですが、実際は、天智天皇は有力豪族への対応にはかなり苦しんでいました。ところが、壬申の乱でその有力諸豪族が一斉に力を失ったわけですから、乱後に即位した大海人皇子、これがまた有名な天武《てんむ》天皇なのですが、彼に対抗し得る豪族はもはやいない。こうして、天武天皇の時に「皇親」を中心とする政治が実現したのです。

おそらく、最低でもここまで授業で話さないと、なぜ壬申の乱の結果「皇親政治」が実現したのかは理解できないはずです。しかも、こういう筋で展開すれば、天智天皇まではなかなかできなかった体制が壬申の乱後に実現したのですから、この事件がいかに重要な「歴史的意義」を有するかということも、これで納得できると思います。

ちなみに、私の授業では、このあとにかなり今日的な問題につながる重要な論点へと展開しています。それは、この天武天皇のころに「天皇」「日本」という言葉が用いられるようになったということで、最近の国家主義的で反動的な風潮に対して、「天皇」とか「日本」というものを歴史的に相対化する思考への手がかりとなるような論点です。しかも、それを入試問題を使って展開しておりますが、この点については後で紹介いたします（五三ページ）。

予備校講師に評判の悪い「受験テクニック伝授型」

ところで、こうした『実況中継』的な授業のやり方に対しては、さすがに教育学者の間から批判が出ております。認知心理学を専門とする教育学者の佐伯胖《さえきゆたか》さんは次のように評します。

「『実況中継』本を読む受験生は、『問題』を見たら、『自分でまず考えよう』などというシチメンドウクサイことははじめからすっ飛ばす。『問題』を見た直後から著者（受験のプロ）が頭の中で考えることを、文字どおり、まねて、たどるだけである」。そして、実況中継本によって人間の「人工知能化」が効率的に達成できると言います。ここで佐伯さんの言う「人工知能化」とは、コンピュータのプログラムが「もしも、〜であれば、〜せよ」というコマンドで働くのと同じように、「『こういうパターンの問題は、こういう手順で考える』という思考法を暗記させて、練習させて、『反射的にできるようにする』」というものです。（『子どもが熱くなるもう一つの教室』岩波書店、一九九七年、九六〜一〇三ページ）

また、こうした授業の持つ危うさに警告を発している真摯《しんし》な予備校講師もいます。例えば、受験英語指導の大家ともいえる故伊藤和夫さんは「（実況中継本の）散漫な叙述を通して学生に何が伝わり、それがその後の学習にどう役立つのか、いささか心配である」と言います（『予備校の英語』研究社、一九九七年、九六〜九七ページ）。また、予備校講師の尾城久雄さんは、努力せずに大学合格を果たしたいと考える受験生に安易に迎合する一部講師のやり方を、「わかること、理解することによって、学力が高まり、問題を解く力量もつくのですが、なぜそうなるのかという根拠や過程を無視し、結果のみをゴロ合わせや記号化によって丸暗記させるという安易な選択です」と批判し、「しかし、これでは学ぶことの意味や学問のおもしろさをつかむことはできませんし、考える力を減退させ、むしろ低学力化を増進させるだけです。基礎の遅れている生徒は抽象化が苦手で、体系的・系統的理解をわずらわしく考えます。だからこそ、その必要性を説得し、わかりやすく、かつ楽しく教えてこそ、プロの予備校講師ではないかと思います」と言います（前出「受験バブルがはじけた予備校のゆくえ」）。

このお二人の危惧《きぐ》するところに私は全く同感です。つまり、予備校授業の典型と一般に思われている「受験テクニック伝授型」の授業は、実は、きちんとした力のある予備校講師の間ではきわめて評判悪いのです。

入試問題を用いて「目からウロコ型」の授業へ

さて、確かに、「テクニック伝授型」や「ドリル暗記型」の受験勉強で、ある程度の点は取れるようになります。ですが、そうしたやり方でどこまで点が取れるのか。私は大いに懐疑的です。入試問題の実例を考えてみましょう。

六〇〇年、『隋書《ずいしょ》』によれば『（　）阿毎多利思比古《あめたりしひこ》』が使者を隋《ずい》の都長安《ちょうあん》の文帝のもとに遣《つか》わしている。このことは日本書紀に記載はないが、聖徳太子《しょうとくたいし》が摂政《せっしょう》の時にあたり第一回目の遣隋使ということになる。

問　空欄にあてはまる語句はどれか。

ア―倭王　イ―天皇　ウ―天子　エ―日本国王

（早稲田大学・一九九五年、正解は六二ページ）

簡単にこの問題の歴史的背景について補足いたします。有名な小野妹子《おののいもこ》を大使とする遣隋使は六〇七年のもので、本問ではそれを第二回目と数えて、その前の第一回目である六〇〇年の遣隋使について問うております。小野妹子の第二回目の遣隋使の記述は、隋の歴史書である『隋書』にも『日本書紀』にも書いてありますが、問題文にもある通り、六〇〇年の遣隋使の記述は『日本書紀』の方には書いてありません。ですから、かつては『日本書紀』の方に書いていない六〇〇年の遣隋使はなかったとされており、六〇七年の小野妹子の方が有名になっているのです。

本問では有名な六〇七年の方ではなく六〇〇年の方が問われているのですが、大学受験用の日本史の勉強をきちんとやってきた受験生であれば、「『隋書』によれば、六〇〇年に最初の遣隋使が派遣されていた」ということは知識として持っているはずです（というか、これは受験勉強の過程で覚えておいてほしい事実です）。ですが、その『隋書』に倭《わ》（日本）の王（つまり、天皇のこと）がどういう肩書きで記されていたか、ということを知識として覚えている受験生はまずいません。したがって、この問題は、「こう問われたらこう答えよう」というマニュアル的な「パズルの解き方」を身につけることに終始していた受験生にはお手上げですし、また、山川出版社の『日本史用語集』を覚えまくれといった「ドリル暗記型」の勉強をしてきた受験生にも解答不能です（だいたい、中国の科挙《かきよ》じゃあるまいし、『隋書』の丸暗記までやっていた受験生がいるとは思われません）。つまり、これらの「テクニック伝授型」の授業を受け、それに満足していた受験生にはこの問題は解答できない、すなわち「点が取れない」のです。

では、この問題は解答不能な難問・奇問なのか。そうではありません。本問は、本格的な歴史的思考力を養成するような真っ当な日本史の授業を受けてきた受験生であれば解答できる良問なのです。次のように考えればよいのです。

この問題を解答する際に必要な基礎知識は次の二つです。「『天皇』号と『日本』国号の使用時期」と「冊封体制《さくほう》」。私は、普段の授業では、別にこの問題とは関係なく、以下のように授業を構成・展開しています。

❖「天皇」号と「日本」国号の使用時期

「天皇」号がいつから用いられるようになったかというのはさまざまな学説があります。推古《すいこ》朝説、天智《てんち》朝説、天武《てんむ》・持統《じとう》朝説、文武《もんむ》朝説の四説がありますが、学会の通説として私は天武・持統朝説つまり七世紀末であると教えています（高校日本史の教科書でもおおむねこのころとされていますので、教科書的にもこれで正しいと言えます）。このことを教えるとき、おそらく「テクニック伝授型」の授業であれば、「七世紀末と覚えておきましょうね」の一言で終えることでしょうが、私は、東野治之さんや網野善彦さんらの研究に学びつつ、授業では次のように展開しております。

先ほどの壬申《じんしん》の乱《らん》の話（五〇～五一ページ）を思い起してください。壬申の乱後に有力豪族を押さえ、「皇親政治」を実現した天武天皇の時に天皇（大王）の権力は強固なものになっていきました。この天武朝のころに「大君《おおきみ》は神にしませば天雲《あまくも》の雷《いかづち》の上に廬《いお》りせるかも」（大君〈天皇のこと〉は神でいらっしゃるので、天雲の雷山《いかづちやま》に仮宮を建てていらっしゃいます）という歌が柿本人麻呂《かきのもとのひとまろ》によって詠《よ》まれており、天皇の神格化・絶対化が進みます。また、推古朝（七世紀初期）に中国から伝えられてきた道教が、このころ新しい思想として理解されるようになっており、天武天皇はこの道教に深く親しんでいました。そして、道教では宇宙の最高神を北極星と位置付けており、その北極星のことを「天皇大帝」

と呼んでいたのです。つまり、天皇（大王）権力の絶対化と神格化を図る天武天皇は、それまでの「大王」に代わる新たな称号として、当時自分が深く関心を持っていた道教の最高神である「天皇大帝」の名を採用したと考えられるのです。

このように授業を展開しておりますので、壬申の乱と「天皇」号の使用という一見何の関係もなさそうな事項が、天皇の絶対化・神格化や「皇親政治」といった時代背景のもとに統一的に理解できるようになるのです。これは、受験勉強としてもきわめて効率よいやり方です。なぜならば、これらをバラバラに覚えるのであれば個別に暗記せねばならないのですが、つながりを理解しながら覚えれば、どれか一つ暗記しておくことで残りは論理的に思い起せます（こういうやり方を、私は勝手に「ロジカル日本史」と名付けておりますが、これについては第Ⅲ章で論じます）。

ところで、授業でこの「天皇」号の使用時期について触れたとき、さらに次のように展開します。

受験知識で知っておかねばならない律令《りつりょう》法は「近江令《おうみりょう》（天智朝）」「飛鳥浄御原令《あすかきよみはらりょう》（天武・持統朝）」「大宝《たいほう》律令（文武朝）」「養老《ようろう》律令」の四つです。このうち近江令は実在性が怪しいとされているので、とりあえず受験知識として覚えておくだけでよいとしておきます。確実性の高い飛鳥浄御原令で「天皇」号が制度的に確立したというのが通説です。天武・

「壬申の乱」関係略年表

671	12.天智天皇没
672	6.大海人皇子（のちの天武天皇）蜂起（壬申の乱）
	7.大友皇子（天智天皇の子）敗死
	8.大海人皇子、飛鳥浄御原宮遷都
673	2.大海人皇子、即位（＝天武天皇）
681	2.飛鳥浄御原令制定着手
684	10.八色の姓（皇親を中心とする身分秩序）制定
686	9.天武天皇没
689	6.飛鳥浄御原令施行
690	1.持統天皇（天武天皇の皇后）即位
	9.庚寅年籍（戸籍）成立
694	12.藤原宮遷都

持統朝に続く文武朝で大宝律令が作られ、ここに古代律令国家の枠組みがひとまず完成します。さらに、正式に「日本」という国号を使用した確実な事例は七〇二年の遣唐使ですので、おそらく、天武・持統朝のころに「日本」国号が成立していたと考えられています。

このように考えてきますと、「天皇」号・「日本」国号の成立と律令国家の形成は一体化して進んでいたのであって、それは、壬申の乱後に進む天皇権力の確立を背景に可能となったものです。そして、こうした古代国家の形成と並行して、支配層による国家イデオロギーの創出も行われます。それが、同じく天武・持統朝のころに行われた歴史書編纂作業（これが、のちに『古事記』『日本書紀』として完成されます）と国家仏教（仏教を国家が管理・統制・保護し、仏教は国家の繁栄を祈るためのものと位置付けられる）の形成です。さて、このような展開で教えることで、壬申の乱、皇親政治、律令法の形成、「天皇」号と「日本」国号、歴史書編纂、国家仏教、といったものが密接に連動しながら歴史が展開しているということが示せるのです。

そして、どうやら多くの受験生にとってはこれが「感動もの」のようです。つまり、それまでは、断片的に、何のつながりも考えずにただ暗記していたものが論理的なつながりを持っていることに気づくのですが、それが驚きのようなのです。

❖冊封《さくほう》体制

これは、中国を中心とするアジアの外交秩序でして、日本の、とりわけ前近代の外交史を勉強するときに欠かすことのできない概念です。一言で申せば、中国の「皇帝」を主君とし、周辺諸国の支配者が皇帝の家臣となって「王」を名乗るという国際関係のあり方です。中国周辺の支配者が中国皇帝のもとに朝貢《ちょうこう》し臣下の礼をとりますと、皇帝から「王」に叙任《じょにん》されるとともに多くの下賜《かし》品を授かります。こうすることで、たとえば「倭国王」となった者は、超大国中国の皇帝から「倭国」全体の正統な統治権者として認められたことになるのですから、「倭国」内の他の諸勢力に対して優越的な立場に立つことができ、また、当時の最先端の文物を中国から入手することができるのです。ですから、何を好んで中国皇帝の家臣になるのか？　という疑問は不要なのでして、こうすることで「倭国」内における自らの立場を強固なものにできるという、結構便利な国際秩序でもあるのです。

さて、このように「冊封体制」について説明をしたうえで、次に、「日本史上出てくる『王』の称号を全部（もちろん受験で必要なものですから、教科書の範囲内でという限定つきですが）あげてみましょう」と発問して学生に答えさせます。これは、高校三年生だとかなりきついのでさらに誘導の発問を用意しておくのですが、高卒生だと何人もあてていくと大体答えが出てきます。教科書レベルで出てくるものとしては、「漢委奴国王」（一世紀に、奴国《なこく》からの遣使に対して後漢《ごかん》の皇帝から与えられたもの）、「親魏倭王」（三世紀に、有名な女王卑弥呼《ひみこ》に対して魏の皇帝から与えられたもの）、「倭王」（五世紀に、のちに雄略天皇と名付けられることになる武《ぶ》に対して宋《そう》の皇帝から与えられたもの）、「日本国王」（一五世紀に、室町《むろまち》幕府第三代将軍足利義満《あしかがよしみつ》に対して明《みん》の皇帝から与えられたもの）の四つがあがればよいのです。

さて、これらを黒板に書いてみると、五世紀までの倭国の支配者は、「冊封体制」に積極的に組み込まれることで倭国内における優越的支配を実現しようとしていることが示せます。ところで、黒板には一世紀「漢委奴国王」、三世紀「親魏倭王」、五世紀「倭王」と、うまい具合に二世紀間隔で並べられているのですが、さらに二世紀後の七世紀に大きな変化が起こっているのです。つまり、七世紀に倭国から中国に派遣された使者がもたらした国書には、伝統的な「王」とは異なる呼び名が記されていたのです。それは何か？と学生に発問しますが、これは中学校でも学習することなので、気づく学生も何人かはおります。

それが、六〇七年、聖徳太子によって派遣されたとされる小野妹子《おののいもこ》の遣隋使がもたらした国書で、そこには「日出《ひい》ずる処《ところ》の天子《てんし》、書《しょ》を日没《ひぼっ》する処の天子に致《いた》す」とありました。つまり、「皇帝」―「王」という君臣の関係ではなく、「天子」―「天子」という対等な関係を意味する称号を用いていたのです。ですから、この国書を受け取った隋《ずい》の皇帝煬帝《ようだい》は「無礼である。二度とこのような国書を私に見せるな」と激怒したのです。よく、「日本を日の出の国、つまりこれから栄える国にたとえ、中国を日没の国、つまりこれから衰える国にたとえたから煬帝が怒った」と言われますが、実は、この国書が、冊封体制を否定することになる書き方をしてあったから皇帝煬帝が激怒したのでした。

さて、長々と歴史の講釈を書いてしまいましたが、以上が「『天皇』号と『日本』国号の使用時期」と「冊封体制」に関する私の授業の展開・構成の仕方を再現したものです。ですから、私の授業を受講してきちんと復習をしていた学生は、ここまでの点は受験勉強の一環として身についているはずです。そこで、再び最初の早稲田大学の問題（五四ページ）に立ち戻ってみましょう。この二つの基礎知識・理解をふまえた時の「解答の手順」

は次のようになります。

まず、六〇〇年段階では「天皇」「日本」という言葉が存在しないので、イとエが消去されます。次に、六〇七年の有名な遣隋使小野妹子がもたらした国書で、冊封体制に反して中国と倭の双方を「天子」と表現したため隋帝煬帝が激怒したのですから、ウは消去されます（問題文をよく読むと、皇帝の名は「文帝」となっております）。そこで、アの正解が得られるということになります。

さて、ここで紹介した私の授業展開は、結果的に点を取るうえで使える授業だったわけですが、この授業は、歴史の基礎学習として、内容においては一つの歴史教育としての水準を確保できていると自負しておりますがいかがでしょうか？

誤解と疑問④　授業の展開・構成の仕方は良いとしても、やはり予備校の授業には「点を取るため」の「受験テクニック伝授」を抜きにすることはできないのではないか。

たしかに、「解答の手順」という部分が機械的な「受験テクニック伝授」に見えそうです。ですが、よく考えてみますと、この「天皇」号と「日本」国号の使用に着目して当該史料の時期確定や真偽判定を行うのは、歴史家が行う史料批判（テクスト・クリティーク）の手法に通ずるものではないでしょうか？

例えば、六四六年に発せられた「大化の改新の詔《みことのり》」という文書がありますが、これに対しては、後世の人が作った偽作ではないかという有力説があります。その根拠の一つとして、詔の冒頭が「昔在《むかし》の天皇等の立てたまへる」（傍点竹内）という言葉で始まっている点が指摘されます。つまり、詔が発せられた時点ではまだなかったはずの「天皇」という語が用いられているということです。

あるいは、『日本書紀』によれば、六世紀に朝鮮半島に「任那《みまな》日本府」が置かれており、「日本」が朝鮮半島支配を進めるうえでの出先機関であったようにされております。ですが、六世紀の時点ではまだ「日本」という国号は存在しないのですから、「日本府」という機関が置かれていたというのは史実ではないと判定できます（もっとも、これだけでは「任那」という地名の存在を否定することにはなりませんが）。

先ほどの早稲田大学の問題を解くうえで用いた「解答の手順」は、こうした史料批判の手法を入試問題を解くために用いたものです。前にあげたような、「東亜新秩序といえば日中戦争、大東亜共栄圏といえば太平洋戦争」といった文字通り機械的な「受験テクニック伝授」とはおよそ質が異なります。予備校で行われる「点を取る」ための授業というものを、単純に「受験テクニック伝授」に過ぎないとは断定はできないのです。

学会の研究動向から入試問題の傾向を予測する

誤解と疑問⑤　予備校では日本史の全時代にわたって授業をしているのだろうが、その全てにわたって今言ったような授業を構成することが可能なのか。

決められた時間内で、入試で必要なことを全てやり終えねばなりません。通常授業だけに限ると、駿台予備学校の国立大学文科系志望の高卒生クラスの場合、日本史に割り当てられている年間の時間数は、週四コマ（一コマ五〇分）×二四週です。この範囲内で終えねばならないのですから、入試でよく出るポイントは丁寧に、そうでないところはサラリと進めるというやり方をせざるを得ません。つまり、「入試に必要か否か」という基準で授業の力点の置き方を調整しています。そうでないと、「点の取れる」授業を作ることはできないのです。

そこで、授業を構成する際の力点を決める「入試に必要か否かという基準」をどのように見極めるかということを考えてみましょう。大きく分けると、帰納《きのう》的方法と演繹《えんえき》的方法とでも言えそうなやり方があります。帰納的方法とは、可能な限り多くの大学入試問題を集めて、何がどれだけ出題されているかを一つ一つ丹念に調べることで、統計的に出題頻度の高いものを厳選していく手法です。例えば、「平民宰相《へいみんさいしょう》」とも呼ばれた大正時代の総理大臣「原敬《たかし》」は最頻出。その原内閣の大蔵大臣「高橋是清《これきよ》」も頻出。同じく外務大臣「内田康哉《こうさい》」も難関大なら出る。でも、文部大臣「中橋徳五郎《なかはしとくごろう》」はまずほとんど出ない、という具合になるでしょう。このやり方で、かなりの確率で出題を「的中」させることはできそうです。ただ、このやり方だと、用語や年代の出題頻度のように統計的に処理できるデータの予想は可能ですが、出題される大きなテーマや出題者の意図を予想することはできませんし、新傾向の問題を予想することもできません。そこで威力を発揮するのが、もうひとつのやり方である演繹的方法です。

これは、そもそも出題者=大学教官が何に関心を持ってどういう研究をしているかという点に着目することで、何を出題するかを予想するという方法です。つまり、この教官は最近こういう研究をしており、さらに研究の方向性からすると今こういうテーマについて勉強しているはずだ。ということがわかれば（それは、教官の発表論文や学会動向、さらに、大学での講義・ゼミの内容を調べればだいたいわかります）、どういうテーマの問題をどういう視点で出題するかをかなりの確率で「的中」させることができます。たとえば、国語の問題だと、しばしば出典をズバリ「的中」させるということがあるようです。これをもって「問題の漏洩か？」と騒ぎ立てる人もいそうですが、その大学の教官のことをよく調べればそれほど不思議な現象ではないのです。

ちょっと自慢話をさせてください。私が一九九七年一一月に受験参考書（『竹内の直前講習　日本史B　近代&現代』学習研究社刊）を出しました。不幸にしてあまり売れていないのですが、この参考書には、受験参考書としては奇妙な節があります。それは、近代（明治時代以降）の「琉球・沖縄史」「北海道史（アイヌ民族問題）」「日本統治下の朝鮮」「日本統治下の台湾」という四つの節です。ただ、奇妙とは言っても、「琉球・沖縄」「北海道」「朝鮮」に関しては最近の頻出問題なので、入試問題に詳しい者であれば、こういう節があっても納得できるはずです。が、最後に「台湾」が入っているという点に注目していただきたいのです。

この参考書を出した当時、まれに日本統治下の台湾が出題されることはありましたが、おそらく統計的に出題頻度を調べるという帰納的方法だと、わざわざ独立した節にするほどのことはないと判断されるはずでした。実際、この参考書を出した直後、ある大手予備校の日本史講師が授業で、「台湾史がこんなに出るはずがない」と私の参考書を名指しで非難していたという情報を学生から聞きました。それにも懲りず、「日本統治下の台湾」に私はこだわり続けております。

駿台予備学校の冬季講習会で私が作っている講座に『日本史気になるテーマ史』というものがあるのですが、このテキストは毎回、第一節「近代日朝関係史」、第二節「琉球・

沖縄史」、第三節「アイヌ民族と北海道史」、第四節「近代台湾史」という節から始めております。ここでも、台湾にこだわっておりますが、ついに、九九年度入試あたりから、立教大学や早稲田大学などで近代台湾史を大問で出題する大学が現れ始めております。つまり、九七年に出版したときには、非難さえされた「日本統治下の台湾」が、有名大学で大問のテーマとされるようにさえなったのですから、「的中」させたと言ってもよさそうです。普通の授業では見落としたり省略しそうな「日本統治下の台湾」に私は授業の力点の一つを置き続けていたのです。

さて、これだけですとただの自慢話に終わりますので、この事例を素材として、「入試に必要か否かという基準」を演繹的方法で定めるとはどういうことなのかをお話いたします。

いま紹介した参考書・テキストの単元は、近代日本が行った侵略＝植民地支配の拡大という視点から作ったものです。通常、「日本史」といった場合、大和政権・朝廷から鎌倉・室町・江戸幕府、そして明治維新政府とそれに連なる諸政権、つまり、「中央政府」を中心とする歴史です。「中央と周辺」というよく使われる表現を借りれば、「日本」を理解する際に、従来排除されてきたのが「周辺」、すなわち「琉球・沖縄」「アイヌ民族」「朝鮮」「台湾」でした。こうした「周辺」を排除した歴史認識を是正しようという動きは学会レベルでは決して目新しいことではありませんが、ようやく八〇年代ころから近代日本の「加害」、すなわち「周辺」に対する支配・侵略や戦争責任問題が一般的にも広く論じられるようになりました。

たとえば、教科書の「侵略」「進出」の記述をめぐり外交問題化したのが一九八二年。被侵略諸国・諸民族に対する責任を広範に論じた家永三郎さんの『戦争責任』（岩波書店刊）が出たのが八五年。自国中心の歴史を見直そうという比較史・比較歴史教育研究会編の『自国史と世界史』（未来社）が出たのが八五年。このように八〇年代には「周辺」を正当に位置付けようという試みが歴史学や歴史教育の領域で意欲的に進められてきました。

そうした流れを受けて、大学入試問題でも、「周辺」をテーマとした問題が登場しました。入試の世界では、「琉球・沖縄」「アイヌ民族」「朝鮮」をテーマとした出題は、九〇年代になると珍しくはなく、むしろ頻出テーマ問題といっても良いくらいです。

さて、となると、ここで不思議なのは、なぜ「台湾」の出題が低いのかということです。台湾は、日清戦争後の一八九五年に結ばれた下関条約で日本に割譲されました。つまり、一八九五年以降は台湾は「日本領」となったのですから、「日本史」の問題で出ないほうが実は不思議なのです。ちなみに、琉球王国が沖縄県として日本に組み込まれたのが一八七九年。台湾は一八九五年。韓国（朝鮮）は一九一〇年。おおむね一五年間隔であいついで「日本領」とされてきたのです。このうち、琉球（沖縄）と朝鮮の問題については早くから論じられ着目されてもいたのに、なぜかその間の台湾が軽視されていたのです。九〇年代になると、「日本」を相対化してとらえるという視点、つまり、「日本」の「周辺」から「日本」を見直すという視点がかなり共有されてきており、九三年には、読みやすい手ごろな台湾史の本として伊藤潔さんの『台湾』（中公新書）なども出ております。こうした論壇・学会の動きをふまえて、そろそろ入試問題でも大問レベルで台湾史が出されておかしくないだろうと考え、九七年に出版した参考書に、おそらく日本史の受験参考書としては初めて、「台湾」を独立した節として入れたのでした。

ちなみに、その翌年九八年には、近代日本のナショナリズムやマイノリティについて研究なさっている小熊英二さんが『〈日本人〉の境界―沖縄・アイヌ・台湾・朝鮮　植民地支配から復帰まで』（新曜社）を出しました。ちょうど、私が独立した節として参考書の中に入れた「琉球・沖縄」「北海道（アイヌ民族）」「朝鮮」「台湾」と符合するサブタイトルです。もちろん、小熊さんと私の参考書が関係あるというわけではなく、私が「入試に必要か否かという基準」で組み立てた授業・参考書が論壇・学会の関心動向と一致しているという点をひとまず確認しておきたいということなのです。

さて、次に、先に紹介した早稲田大学の問題をめぐる話（五六〜五九ページ）に戻ります。その早稲田大学の問題を解くうえでは「天皇」号と「日本」国号の使用時期の知識が必要でした。ですが私は、その問題とは関係なく、「天皇」号と「日本」国号に関する授業を展開していると申しました。ですから、一見、たまたま私の授業で「点が取れた」だけに見えます。しかし、実は、ここには必然性があるのです。私がこの問題についてなぜ授業で丁寧に扱っているのかと申しますと、次のような理由からなのです。

バブルがはじけた九〇年代半ば以降、日本社会全体が流動化し、先行きはきわめて見えにくくなりました。終身雇用や年功序列も崩壊し始めた結果、「いい学校」に行って「いい会社」に入れば将来は安泰、という神話も崩れつつあります。従来、人々の拠《よ》り所となっていた企業・学校といった組織があてにならなくなった今、それらに代わるものとして声高に主張されるようになったものが「国家」です。国家意識を不当に強調する危うい動きは、ご承知の通り、「自由主義史観研究会」(九五年結成)や「新しい歴史教科書をつくる会」(九七年結成)といった団体の活動や、小林よしのり氏の『戦争論』(幻冬社刊、九八年)が一定の支持を受けるといった事実にも示されています。

論壇・学会の動向をフォローしておりますと、こうした、とりわけ九〇年代半ばころからの新たなナショナリズム台頭の動きに対する危機意識が、歴史学者をはじめとする良心的な研究者たちの間に共有されているようです。このような研究者の問題関心をふまえますと、現在の私たちの国家概念を相対化するうえで、古代天皇制や古代国家のあり方は重要な手がかりとなるはずだということに気づきます。つまり、「天皇」号や「日本」国号というものが、歴史のある段階で、一定の時代背景のもとで生み出されたものであるということ。言い換えれば、普遍的に無前提に「天皇」や「日本」が存在したわけではないということ。そういった事実をきちんと理解できれば、「天皇」制や「日本」国家は永遠不滅のものではなく、一つの歴史的産物に過ぎないものであると相対化してとらえることができます。歴史学者の網野善彦さんなどもしきりにこの点を強調なさっております。

入試問題を作成しているのは大学の教官、つまり、日本史の問題であれば歴史学者です。真っ当な歴史学者であれば、当然にこうした危機意識を持たれることでしょう。となれば、この「天皇」号や「日本」国号に関する問題が出題されるのも自然とうなずけるはずです。

実際、近年、次のような出題例があります。

> 問二　「天皇」号の成立時期は、次のうちのどれか。
> イ　天武・持統天皇のころから用いられ、大王にかわる称号として、飛鳥浄御原令で正式に定められたらしい。
> ロ　2の史料（『日本書紀』）にみえる国書のほか、六〇七年に完成したという法隆

寺金堂薬師如来像の光背銘にもみえるから、七世紀のはじめから用いられたらしい。

ハ　大化元（六四五）年の高句麗や百済の使に対する詔に見えるから、七世紀の中ごろから用いられたらしい。

問三　倭から「日本」に国号が改められた時期は、次のうちのどれか。

イ　「日本」は1の国書（『隋書』）に見える「日出づる処」と同義語であるから、七世紀の初めには、すでに「日本」国号が制定されていたらしい。

ロ　大宝令の中に見えるから、七〇一年成立の大宝令によって初めて制定されたらしい。

ハ　天武天皇の時まで「倭」が用いられていた形跡があるから、七世紀末になって「日本」に改められたらしい。

（中央大学・一九九八年、正解は問二＝イ、問三＝ハ）

次の文章は、日本国号の成立について論じた網野善彦『続・日本の歴史をよみなおす』の一節である。これを読んで、次の問いに答えよ。

　七世紀後半から八世紀初頭にかけて、ヤマトといわれたのちの畿内を中心として、東北と、南九州をのぞいた本州、四国、九州を支配下に入れた本格的な国家が、初めて列島に成立することになります。この国家が〔イ〕にかえてはじめて「日本」という国号を定め、王の称号も〔ロ〕としたので、それ以前に「日本」、あるいは〔ロ〕の語を使うのは事実にそくしてみれば、完全な誤りといわなくてはなりません。

　たとえば、「旧石器時代の日本」「弥生時代の日本人」という表現は明らかな誤りですし、『日本の歴史をよみなおす』でもいったように、①「聖徳太子は〔イ〕人ではあっても日本人ではない」ということを、これからも強調しておかなければならないと思っています。（中略）

　しかし、東北のほぼ全域、さらに新潟――「越《こし》」の北部は、この国家の支配層の立場に立つと〔ニ〕という異種族の住んでいるところで、国家の外にある地域なのです。北海道はもちろんのことですが、南九州も〔ホ〕といわれる異種族の住む地域と考えられていました。ここも、「日本国」の外部だったわけで、この国家は成立後、ほぼ百年をかけて東北と南九州を侵略し、征服してこれを領土としたわけです。「日本」の侵略はなにも、秀吉や近代以後の朝鮮半島や中国大陸にたいしてだけ行われたわけではありません。古代の「日本国」は、東北人、南九州人を侵略によって征服しているのです。

問一、空欄を適切な語句で埋めよ。
問二、傍線部①について、以下の問いに答えよ。
（1）著者はなぜ「聖徳太子は日本人ではない」といっているのか。著者の意図するところを三〇字以内で説明せよ。（以下略）
（和歌山大学・二〇〇〇年、正解はイ＝倭、ロ＝天皇、ハ＝（略）、ニ＝蝦夷、ホ＝隼人）

私が授業を構成するにあたっては、自分が歴史学者であった場合、今日的課題をもふまえて何に研究関心を向けるだろうか、という視点を常に意識しています。ですから、少なくとも、主な日本史学の新しい論文や図書は可能な限り目を通して、現在の学会動向をフォローしようと努めているのです。これが、私にとっての「入試に必要か否かという基準」を演繹《えんえき》的に設定する方法なのです。受験生の側から見れば、私が授業で扱った事項を使えば一見難問でも点が取れる、ということになるのでしょうが、それは、学会動向をフォローし、今日的問題への切り口を探っている私と歴史学研究者の関心が一致していたということとなのでありまして、必然性があって点が取れたのです。

となりますと、研究者たる大学教官が学問的関心や研究成果をふまえて出題するのであれば、それらをふまえて授業内容を構成することで、自然に点の取れる授業につながるはずなのです。私の予備校の日本史科規約に、「各講師は自分の専門領域はもとより、他の全ての領域および教授方法について常に研鑽《けんさん》に努めねばならない」とあるのですが、以上のように考えればこの文言の意味も納得できるのです。そして、このように、学問的通説・成果をふまえて授業内容を構成し、そのために教師が常に研鑽するというのは、本来のあるべき授業の姿ではないでしょうか。

まやかし的な「わかりやすさ」を求めずに点が取れるような授業。私も親しい同僚講師たちと、互いに議論したり学びあったりしてきました。歴史学専攻ではない私などは、さんざん勉強不足を指摘され批判されてもきました。こうした工夫の結果生まれた「点が取れるわかりやすさ」なのですから、「点を取る」ということをもって、批判されるものではないでしょう。また、こうした授業を受けた学生から、「歴史のダイナミズムがわかった」「学問のおもしろさを知った」「歴史を通して現在を考える視点が見えた」といった言葉が発せられるのも、納得いくのではないでしょうか。

学校の授業への問いかけ——四つの授業タイプ

誤解と疑問⑥　そういった授業であれば、学校でも行われているのではないか。

私の知人の教師の方たちは、非常に深く勉強なさっており工夫された授業を展開されている方ばかりです。また、すぐれた授業実践が少なくないこともよく知っております。ですが、生徒に「つまらない」「わからない」と言われても致し方のない授業、だからこそ、強制的に受けさせられることに生徒が耐えられなくなった授業。こうした学校の授業は決して少数派ではないと思われます。

この私の暴言には、一定の根拠があります。前に掲げた「学校の授業みたいでおもしろくない」という言葉を私は重く受けとめたいのです。この言葉を言われて以来、現役受験生（高校三年生）から学校の授業のノート・資料などを借り、どういう授業が行われているのかを聞き調べてみました。また、大学で講師として社会科・地歴科・公民科教育法を担当するようになってからは、初回の講義で「あなたが今までに受けてきた社会科などの授業の中から事例を一つ挙げ、その授業について現在の視点から見て論評せよ（肯定的評価・批判的評価のいずれでも可）」というレポートを書かせることにしております。こうした「調査」の結果、良質な授業を想起させるような事例もありましたが、残念ながら、受験生・大学生からの提供で知り得た授業の多くはおおむね次のようなものでした。
①事項の羅列――このケースが一番多いようです。穴埋めプリントを用いて空欄を埋めながら授業を進めたり、あるいは、教科書を読みながら語句の説明を加える平板《へいばん》な授業。
②専門的過ぎる授業――おそらくその教師の専門分野なのでしょう、およそ高校日本史の授業とは思えないような過度に専門的な（「質の高い」という意味ではない）、些末な事項を扱ったマニアックな授業。
③教師の不勉強――事実誤認は時には致し方ないとしても、研究の進展によってすでに否定されているような、あるいはかつては通説的であっても現在では少数説に過ぎないような見解にもっぱら依拠して教えるケース。例えば、原始時代、荘園制、武士の発生、中世・近世の外交（たとえば、倭寇《わこう》を単に「海賊」としてしまう教え方や、江戸時代の外交を閉鎖的な「鎖国」イメージでとらえる教え方）などは、私が高校生だったころに比べても通説的理解が大きく変化しています。
④テクニック伝授型やドリル暗記型――たまに見かけます。一問一答式の大学受験問題集（しかも、劣悪なもので、私なら決して受験生に勧めないようなもの）を全員に買わせ、毎回の授業はそれを暗記しているかどうかを生徒に一人一人当てて答えさせることに終始する。あたかも条件反射的訓練のような授業を受けているという例がありました。あるいは、

先に私が批判した『実況中継』本をもとにして授業が行われているという信じられないような高校生の声も聞きました。

別に、高校での授業をきちんと統計的手法に基づいて調査したわけではありませんが、以上に紹介したような事例は、毎年絶えることがありません。これらの事実は、何を意味しているのでしょうか。単に、たまたま私のところにこうした事例が集まっただけで、これらは、とくに検討する必要のない例外中の例外なのでしょうか。もし、そうでないのならば、教師や教育学研究者は、すぐれた授業実践以外にも、問題を抱えた授業実践をも積極的に吟味すべきではないのでしょうか。大阪府教委が調査した「指導力不足教員」の具体例が二〇〇〇年一一月六日に発表されましたが、それによると「教科内容の質問に答えられない」「授業内容に間違いが多い」「授業に計画性がない」等といったケースが挙げられております。この調査結果は私が集めた事例と符合するものです。

昨今、中央教育審議会、教育職員養成審議会などが相次いで、「適格性を欠く教員」「指導力不足教員」に対して処分をも示唆する答申などを出しており、そのための法改正も現実に進んでいます。東京都教委は二〇〇〇年度から人事考課制度を導入しましたし、それに続くように、文部省（当時）の委嘱《いしょく》を受けて二〇〇〇年度から神奈川・埼玉・大阪など一六府県市教委が「指導力不足教員に関する人事管理」についての研究調査を始めました。栃木県教委は、指導力不足教員への研修を行いつつ「分限《ぶげん》処分を決定する経緯と基準を明確化したい」とまで言っていますし（『日本教育新聞』二〇〇〇年七月二八日付）、神奈川県教委は二〇〇〇年九月一八日に「指導力不足教員などへの指導の手引き」を作成しました。

　教育改革国民会議の最終報告を受けて文部科学省が二〇〇一年一月二五日に発表した「二一世紀教育新生プラン――レインボープラン〈七つの重点戦略〉」の第五項目に「教える『プロ』としての教師を育成します――不適格教員への厳格な対応（教壇に立たせない）」と書いてあります。この動きは今後着実に進んでいくでしょう。この「二一世紀教育新生プラン」に対して、例えば全日本教職員組合（全教）は、「自主的研修の保障」や「本人の身分保障とプライバシーを守り、持ち時数の軽減、職場復帰を目的とした研修や療養・休職の機会を十分に保障すること、それにともなう定数補充措置」を要求するとしています（二月二七日）。

　たしかに、現在の困難な学校状況のもとで心身ともにすり減らしてしまった教員に対する措置としては納得できます。ですが、先ほど私があげた四つのケースは、単なる教師の勉強不足や意識不足といったレベルの問題です。文科省が言っているのは「教える『プロ』としての教師を育成します」ということなのですが、全教が要求する提案でそれに対抗し得るのでしょうか。「自主的研修」で対応するということなのでしょうが、では、その具体的な方法は何なのでしょうか。教職員組合などの民間団体が主催する「自主的研修」は今までに多くの蓄積が確かにあります。ですが、にもかかわらず、私があげた四つのケースが絶えることがないという現実を率直に受けとめるべきではないのでしょうか。

文科省のプランと全教の提案を、先の四タイプの授業を受けさせられている学生が読み比べたならば、まず間違いなく、文科省のプランに対して諸手をあげて賛成することでしょう。ここまで行政主導の動きが進んでいるのですから、教師自らが「痛み」を伴ってでも教え方の改善を行うという覚悟が必要なはずです。教職員組合が、しばしば「教職員集団の力」で困難を解決しようと言います。大賛成です。ならば、教師同志で授業を見せあって授業検討・相互批判を行うことで、「わからない」「つまらない」と生徒に言わせるような授業や、先に私が紹介したような四タイプの授業の克服を早急に進めるべきではないでしょうか。そして、本章冒頭に掲げたような予備校卒業生の声（三七ページ）が少なくないという事実を率直に認めたうえで、そういう「感動」を伴う授業を行い得た良質な予備校教師との相互交流へも踏み切って良いのではないでしょうか。

今、私が「痛み」を伴うと申しましたが、それは次のようなことです。ベテラン（ここでは在職年数が長いという意味）の教師であればあるほど、自分の授業に対して高いプライドをお持ちでしょう。ですが、もしそのプライドが授業改善の妨げとなるのであれば、結果的に文科省のプランに説得力を持たせてしまうのですから、プライドをいったん投げ捨てて、若手教員も年長の教員も率直に授業の相互批判を行う。そういう「痛み」を避けることはもはやできないのではないかと思うのです。

この点については、「職場の同僚性形成」に関する座談会で、小学校教員の神原昭彦さんが学校の閉鎖的体質に関連して次のような指摘をなさっています（『教育』国土社、二〇〇〇年一〇月、四八ページ）。

「年一回でもいいから授業を同僚の間で見せ合う機会をつくるとか、（中略）『こういう実践をしている』ということをお互いに開示しあって、相互交流を、場合によっては相互批判をしていくことによって、教職員集団としての力量を向上していく場にできるんじゃないかと思うんです」

「とにかく教室を開き授業を開き実践を交流していくことを、今こそ考えなくちゃいけないないと私は思っています」

ところが、これに対して他の教員から「私もそう思うんですけど、教職員の職場って、お互いに意見を言い合う関係づくりがすごく苦手ですよね。自分が意見を言うのは好きだけど、他人に言われるのは大っ嫌い」という発言が返ってきております。「授業を同僚の間で見せ合う」ということが、教員にとってはこれほどにも難しいことなのでしょうか？
私の予備校にも、毎年全国の高校から教師が授業参観にきています（一部の県では、県教育委員会が予備校授業の参観を積極的に進めているようです）。私の授業も何度か見ていただいたことがあります。授業後に簡単に意見交流をしましたが、こちらにとっても大変参考になるものでした。ですが、予備校教師が高校の授業参観をさせていただくという機会はありません。ましてや、学校の教師と良質な予備校教師が相互に授業を見せあって検討・批判を行うなどということは聞いたこともありません。

学校と予備校の接点はあり得ないのか

誤解と疑問⑦　有意義な授業をする予備校講師もいるだろうが、そのような予備校講師ばかりではないだろう。

この言葉は、実際私がある教育学者の方から言われたものです。また、私が紹介したような事例に対しても、「そういう予備校講師も中にはいるでしょうね」とのみ片付けた教育学者もいました。

ここで、私が理解できないのは、その同じ言葉を学校の教師にはなぜ向けないのかということです。つまり、すぐれた授業実践として紹介されるものは、無数にある授業実践のうちの一部の事例です。その時、「そのような教師ばかりではないだろう」とか「そういう学校の教師も中にはいるでしょうね」とは決して言いません。もちろん、学校の教師に対しても言うべきだと言いたいのではありません。ただ、生徒に向かって「わかりやすい」「おもしろい」授業を行うという点においては、学校の教師も予備校教師も同じ土俵の上にいるのではないかということなのです。

「そのような予備校講師ばかりではない」―そんなこと当たり前です。ですから、私も「テクニック伝授型」や「ドリル暗記型」の予備校の授業は批判しているのです。ですが、批判されるべき授業が学校でも行われているという現実に対しても、同様に厳しくのぞむべきだと思うのです。「わかりやすい」授業、「感動」を呼び起こす授業という点においては、学校と予備校をダブルスタンダードで検討する必然性がそれほど強いとは思えないのです。

今まで多くの予備校生と接してきて、悲惨な授業を学校で受けてきた者が少なくないという事実、また、近年急速に受験生の学力が低下してきたという事実を目のあたりにしてきました。それだけに、授業に関して、私の想像以上の深刻な事態に学校の教師は直面しているのだろうと思うのです。だからこそ、もはや、予備校の授業だからというだけの理由で、検討する価値がなく切り捨てるというのんきなことを言っている事態ではない、と私は思います。

全教第一六回特別大会（二〇〇一年三月二・三日）の記事を読んでいますと（『内外教育』二〇〇一年三月九日付）、執行部表明はありふれた内容なのですが、代議員からの発言には「職場の教職員集団による支援と専門職としての厳しい相互批判」や「開かれた学校作りの取り組み」の必要性を切実に訴えている共鳴できる内容のものがあります。また、東京都教委が二〇〇一年度から都立高校全校で「あらかじめ設定した授業公開日以外にも希望者が参観できる『通年の授業参観』を始めることにした」ようですし（『朝日新聞』二〇〇一年四月二〇日付）、同様の試みは、すでに広島県でも「『学校へ行こう』週間」と銘打って地域住民に対する学校公開を行っています（二〇〇〇年一一月）。どうやら、「開かれた学校作り」が既定の路線となりつつあります。

「指導力不足教員」の再教育に関する埼玉県教委の懇話会中間報告（二〇〇一年一月）に対して、埼玉県高教組委員長は「指導力不足の定義は極めてあいまいで、恣意的に運用されかねない」との懸念を示しております（『内外教育』二〇〇一年一月一六日付）。であればこそ、教師が率先して「開かれた学校作り」と「厳しい相互批判」を進めるべきでしょう。そろそろ、良質な予備校教師に対しても開かれた相互批判の場を作る現実的可能性を期待してもよろしいのではないでしょうか？

第Ⅲ章　「ロジカル日本史」のすすめ

悪問・良問の見分け方

次の文章は、一九九三年八月二三日に衆議院本会議で行われた内閣総理大臣の所信表明演説の一部である。この文章を読んで、設問に答えなさい。

「まずはこの場を借りて、過去の我が国の侵略行為や植民地支配などが多くの人々に耐え難い苦しみと悲しみをもたらしたことに改めて深い反省とおわびの気持ちを申し述べるとともに、今後一層世界平和のために寄与することによって我々の決意を示していきたいと存じます。」（『朝日新聞』一九九三年八月二三日付）

（設問）第二次世界大戦後、日本の総理大臣の国会演説で、「侵略行為」「植民地支配」などの具体的な表現を用いて、戦争に対する日本の責任を認めたのは、この時が初めてのことである。戦後四八年もの長期間にわたって、いったいなぜこのような発言が行われなかったのか。その理由と思われることを、第二次世界大戦後の日本の歴史をふまえて述べなさい。

（千葉大学・一九九四年）

これは、一九九四年度の千葉大学で出題された日本史の入試問題です。とても、「受験テクニック伝授型」や「ドリル暗記型」の受験勉強をしていた受験生には解答できないでしょう。ただ、日本史の問題というより、小論文的な問題なので、これを良問と見るか悪問と見るかは議論の分かれるところだと思います。ですが、自分の頭で歴史を考えながら勉強するという真っ当な歴史学習が受験勉強としても欠かすことができないということを示す問題であることは間違いないでしょう。

たしかに、こういったおもしろい問題はそれほど多いわけではありません。むしろ大学入試問題の現実は、大学教官の不見識と不勉強をうかがわせる愚問・悪問が圧倒的多数です。そこで、まず大学教官への懲罰として、愚問・悪問の事例を紹介してみましょう。

(1) 些末なことを問いたがる愚問

これは、例を挙げれば切りがありません。なぜこのようなことが高校日本史の学習で必要とされるのか、出題者の見識を糾《ただ》すとともに、その出題意図について説明できるものならばしてみなさい、と言いたくなる愚問はいくらでも出てきます。

「一〇七二年、後三条《ごさんじょう》天皇の時定められた公定桝では、一升は現在の桝のどのくらいの量となるか」

（立命館大学・一九九九年、正解は約三分の二升）

「西園寺公望《さいおんじきんもち》は……明治元年一月四日、つまり鳥羽伏見《とばふしみ》の戦いの翌日、［1］道鎮《ちん》撫総督《ぶそうとく》に任命された。……兵庫県知事だった［2］に洋服を依頼して、これを着て参内《さんだい》して他の公家を驚かせたりもした」

（学習院大学・二〇〇〇年、正解は1＝山陰、2＝伊藤博文）

「①一九五五年に日本で初めてのトランジスタラジオを発売した企業の名は何というか／②一九五五年三月に電力中央研究所の電力設備実態調査委員会の委員長であり、『電力設備の近代化実施計画試案』の作成にリーダーシップを発揮した人物は誰か」

（明治大学・二〇〇〇年、正解は①＝東京通信工業、②＝松永安左衛門）

（2）教科書から丸写しの横着問題

出題教官の横着以外の何物でもありません。二例ほど挙げてみます。

「（前略）摂政《せっしょう》は天皇が幼少の期間、その政務を□し、関白《かんぱく》は天皇の成人後にその後見役をつとめた。当時の貴族社会では□の縁が非常に重く考えられていたから、天皇を後見する資格としては、天皇の外戚《がいせき》であることが重要視された。摂関《せっかん》政治もまた天皇が太政官《だいじょうかん》をつうじて中央・地方の役人を指揮し、全国を統一的に支配する体制であり、摂政・関白は、最も縁故の深い外戚として天皇に近づき、□な天皇の高い権威を大幅に共有することをめざしていた。とくに、摂政・関白が天皇とともに役人の□を専有していたことは、その権勢を強大なものとした。

しかし、摂関政治の頃には、朝廷の政治は□や儀式を重んじる形式的なものとなっていたので、□な政治や積極的な施策はほとんどみられなかった。その一方、官吏の規律は乱れ、彼らは個人的に天皇や摂関家にとり入ることには熱心でも、公的な国家行政にはげむ責任感に欠けていた。（以下略）」

（明治大学・一九九〇年度）

【原文】（『詳説日本史』山川出版社、六五～六六ページ）

（前略）摂政は天皇が幼少の期間、その政務を代行し、関白は天皇の成人後にその後見役をつとめた。当時の貴族社会では母方の縁がひじょうに重く考えられていたから、天皇を後見する資格としては、天皇の外戚（母方の親戚）であることが重要視された。律令政治は天皇が太政官をつうじて中央・地方の役人を指揮し、全国を統一的に支配する体制であり、この形は摂関政治でも同じであった。そして摂政・関白は、もっとも縁故の深い外戚として天皇に近づき、伝統的な天皇の高い権威を大幅に共有することをめざしていた。とくに、摂政・関白が天皇とともに役人の任免権を専有していたことは、その権勢を強大なものとした。

しかし、摂関政治のころには、朝廷の政治は先例や儀式を重んじる形式的なものとなっていたので、専制的な政治や積極的な施策はほとんどみられなかった。そのいっぽう、官吏の規律はみだれ、彼らは個人的に天皇や摂関家にとりいることには熱心でも、公的な国家行政にはげむ責任感に欠けていた。（以下略、傍線竹内）

（前略）藤原氏は、長屋王《ながやおう》を策謀によって自殺に追い込み、天平元年（七二九）には（ア）の娘の光明子《こうみょうし》を聖武《しょうむ》天皇の皇后に立てることに成功した。かわって政権を握ったのは藤原《ふじわらの》武智麻呂《むちまろ》・房前《ふささき》・宇合《うまかい》・麻呂《まろ》の四兄弟であった。しかし、このころ流行した疫病のため、四人はあいついで世を去った。藤原氏四兄弟の死後は、皇族出身の（イ）が政権をにぎり、唐から帰国した吉備真備《きびのまきび》らが、聖武天皇の信任を得て勢いをふるった。

しかし、飢饉や疫病による社会の動揺が激しくなり、天平一二年（七四〇）には、（ウ）が真備らの追放を求めて九州で反乱をおこした。乱が平定された後も朝廷の動揺はおさまらず、聖武天皇はそれから数年のあいだ、恭仁京《くにのみやこ》・難波京《なにわきょう》・紫香楽《しがらき》と都を移した。

こうした情勢のもとで、聖武天皇は仏教の鎮護《ちんご》国家の思想によって政治や社会の不安をしずめようと考え、天平一三年（七四一）には国分寺建立《こくぶんじこんりゅう》の詔《みことのり》を出し、国ごとに国分寺・国分尼寺《こくぶんにじ》を建てて金光明経《こんこうみょうきょう》など護国の経典を読ませた。（以下略）

（同志社大学・二〇〇〇年）

〔原文〕（『詳説日本史』山川出版社、五〇～五一ページ）

（前略）不比等の死後もその四子はひき続いて勢力をふるい、七二九（天平元）年には皇族の左大臣長屋王を策謀によって自殺させ（長屋王の変）、不比等《ふひと》の娘の光明子を聖武天皇の皇后にたてることに成功した。しかし、このころ流行した疫病のため、四子はあいついで世を去った。

藤原氏四子の死後は、皇族出身の橘諸兄が政権をにぎり、唐から帰国した玄昉《げんぼう》や吉備真備が、聖武天皇の信任を得て勢いをふるった。しかし、飢饉や疫病による社会の動揺が激しくなり、七四〇（天平一二）年には、藤原広嗣が玄昉・真備の追放を求めて九州で乱をおこした（藤原広嗣の乱）。乱が平定されたのちも朝廷の動揺はおさまらず、聖武天皇はそれから数年のあいだ、恭仁・難波・紫香楽と都を移した。

こうした情勢のもとで、かねてあつく仏教を信仰していた聖武天皇は、仏教の鎮護国家の思想によって政治や社会の不安をしずめようと考え、七四一（天平一三）年には国分寺建立の詔をだし、国ごとに国分寺・国分尼寺をたてて金光明経など護国の経典を読ませた。（以下略、傍線竹内）

（3）教科書に安易に依存したと邪推されても仕方のない問題

悪問と言いきれないかもしれませんが、「安易だ」と言いたくなる問題です。

明治維新から昭和期にかけての民衆の生活に関する次の設問（1）～（3）につ

いて誤りを含む文章をひとつ選びなさい。
（1）明治維新後の国民生活
1　一八七三年には、旧暦（陰暦）にかえて太陽暦が採用されたほか、一日二四時間制になり、官庁では日曜日が休日となった。
2　公式の礼服として採用された洋服とともに、文明開化の象徴となった斬髪（ザンギリ頭）は、政府が奨励したにもかかわらず、西南戦争後になっても農村では普及しなかった。
（3・4略）
（2）大正・昭和初期の国民生活
（1・2略）
3　洋服は、男性の間に普及し、バスガールや電話交換手など職業婦人の増加により女性の洋装も広がり始め、昭和初期における女性の外出着は洋服が中心となった。
（4略）
（慶応義塾大学・一九九六年）

問（1）の選択肢2では、「斬髪（ザンギリ頭）」が西南戦争後に普及していたかどうかが問われていますが、そもそもこれが近代史学習にとってそれほど重要な知識なのだろうかと思わされてしまいます。その意味では「些末な愚問」でもあるのですが、『日本史B』（東京書籍）の二四三ページの欄外に注として小さく載っている次の記述から引いてきたのではないかと思われます。「断髪を政府が奨励した結果、西南戦争のころには農村にも断髪が普及していった」。つまり、選択肢2は誤文なのです。

ところで、実は、選択肢1も怪しいのです。というのも、事実は次のようになります。一八六八年二月に毎月一と六の日を休日と定めて官庁で実施しましたが、これが一八七六年三月に廃止され、官庁では「日曜全休、土曜半休」の休暇制度になりました。ですから、実は選択肢1も誤りなのです。ところが、同じ教科書『日本史B』（東京書籍）の本文に、以下に引用するような記述があります。「一八七三年からは太陽暦を実施し、一日を二四時間、また一週間のうち日曜日を休日と定め、まず官庁から実施した」（二四三ページ）。本問の出題教官は、おそらくこの教科書の文章を安易に利用したものと考えられます。

さらに、問（2）の選択肢3についても、問（1）と同様に、教科書『日本史B』（東京書籍）の記述に依拠しているように思われます。「洋服は男性のあいだにまず普及し、……バスガールや電話交換手など職業婦人の増加や、女学生の制服に洋装が採用されたことなどから、女性のあいだにも洋装がひろがりはじめた。……が、一般の女性の外出着は、まだ和服が普通であった」（二九二ページ）。教科書にも載っていないような些末なことを問うのに比べればまだましでしょうが、それにしても、ここまで東京書籍の教科書に依存することもないでしょうに、と思いますが……。

(4) 出題教官が不勉強であるがための出題ミス

意外と出題ミスは多いのです。

> 太平洋戦争末期に、日本で唯一の地上戦がたたかわれた沖縄では、多大の犠牲者を出した。アメリカ軍の占領とともに沖縄はその軍政下に置かれ、さらに□によってアメリカの信託統治下に置かれることになり、法的にも日本からの分離が確定した。（以下略）
>
> （早稲田大学・一九九四年、出題者は「サンフランシスコ平和条約」を正解とするつもりだろう）

さて、この問題は何が誤りかと申しますと。沖縄は戦後一度も「アメリカの信託統治下」に置かれたことはありません。日本の独立を決めたサンフランシスコ平和条約の第三条を見てみましょう。

「日本国は、北緯二九度以南の南西諸島（琉球諸島及び大東諸島を含む）……を合衆国を唯一の施政権者とする信託統治制度の下におくこととする国際連合に対する合衆国のいかなる提案にも同意する。このような提案が行われ且《か》つ可決されるまで、合衆国は、……行政、立法及び司法上の権力の全部及び一部を行使する権利を有するものとする」

ずいぶんと理解しにくい表現になっていますが、つまり、「沖縄を国連の信託統治下に置きましょう」という提案をアメリカがいつかするが、その準備が整うまでの間、臨時にアメリカが行政・立法・司法の権力を行使します、ということです。

ところが、結局沖縄の施政権が日本に返還されるまで、アメリカはここでいう「提案」はやっておりませんので、沖縄が国連の信託統治下に置かれたことはなかったのです。出題教官がこの点を知らなかったのか、あるいは文章が下手くそで意を尽くしていないということなのです。

ところで、悪問・愚問を並べても生産的ではないので、今度は良問の例を紹介します。考えさせる良問については、本書の至る所で紹介しておりますので、それ以外の例を挙げておきます。

(1) 単に知識を問うのではなく歴史の本質的な理解を試す問題

つぎの文章を読み、下記の問いに答えよ。

日本の古代と中世とをどこで区切るのかという時代区分論は、大変難しい問題である。どこに視点を据えるかによっても、その答えは大きく異なるが、ここでは民衆支配の変化という点から考えてみよう。律令国家は班田収授《はんでんしゅうじゅ》の基礎台帳としての［a］を作成して土地を分け与えることによって農民の基本生活を保証し、一方では課税台帳としての［b］などを作成し、それに基づいて財政収入を確保していた。ところがやがてこれらの帳簿の作成が不可能になると、国家は新たに［c］という課税単位を創設し、その納税責任者として有力農民だけを［d］として掌握し、徴税を請け負わせるようになっていった。やがて［d］は、［c］に対する支配を強め、［e］と呼ばれるまでに成長していった。［e］と呼ばれた人々は、新しい中世国家へと変貌していったのだと見ることができる。

問1、文中の［a］〜［e］に適した語を記せ（それぞれ漢字一ないし二字）。

問2、上記の問題文に即して考えると、古代〜中世への支配体制の変化は何から何への変化であったと考えることができるか。四〇字以内で説明せよ。
（法政大学・一九九八年、a＝戸籍《こせき》、b＝計帳《けいちょう》、c＝名《みょう》、d＝田堵《たと》、e＝名主《みょうしゅ》）

この問題は、人を収奪の対象とする古代的支配から、土地を対象とする中世的支配への転換を問う問題です。この問題を教材に使うことで、古代と中世の違いを支配構造の視点から説明するというかなり本格的な日本史の授業が行えます。

(2) 時代のイメージをふくらませながら思考することで解答を絞り込む問題

次ページの問題は次のようにして考えれば解答できます。まず、近代日本の産業革命は一八九〇年代になって著しく進展しました。手工業生産から、蒸気力を用いた機械制工場での生産への技術的な移行とそれに伴う経済・社会の変化を産業革命と言います。この産業革命は近代経済史を学習する際の重要ポイントです。

そこで、問題で空欄となっている円グラフは一八八五年のものですから、まだ産業革命前夜という状況です。ですから、まだそれほど高度な工業生産力を身につけているわけではないので、工業原料となる「綿花」を大量に輸入しているはずはないだろう。と考えて、

次のグラフは、1885年と1913年の日本の貿易の輸出・輸入の品目構成を表したものである。これを見て、後の設問に答えなさい。

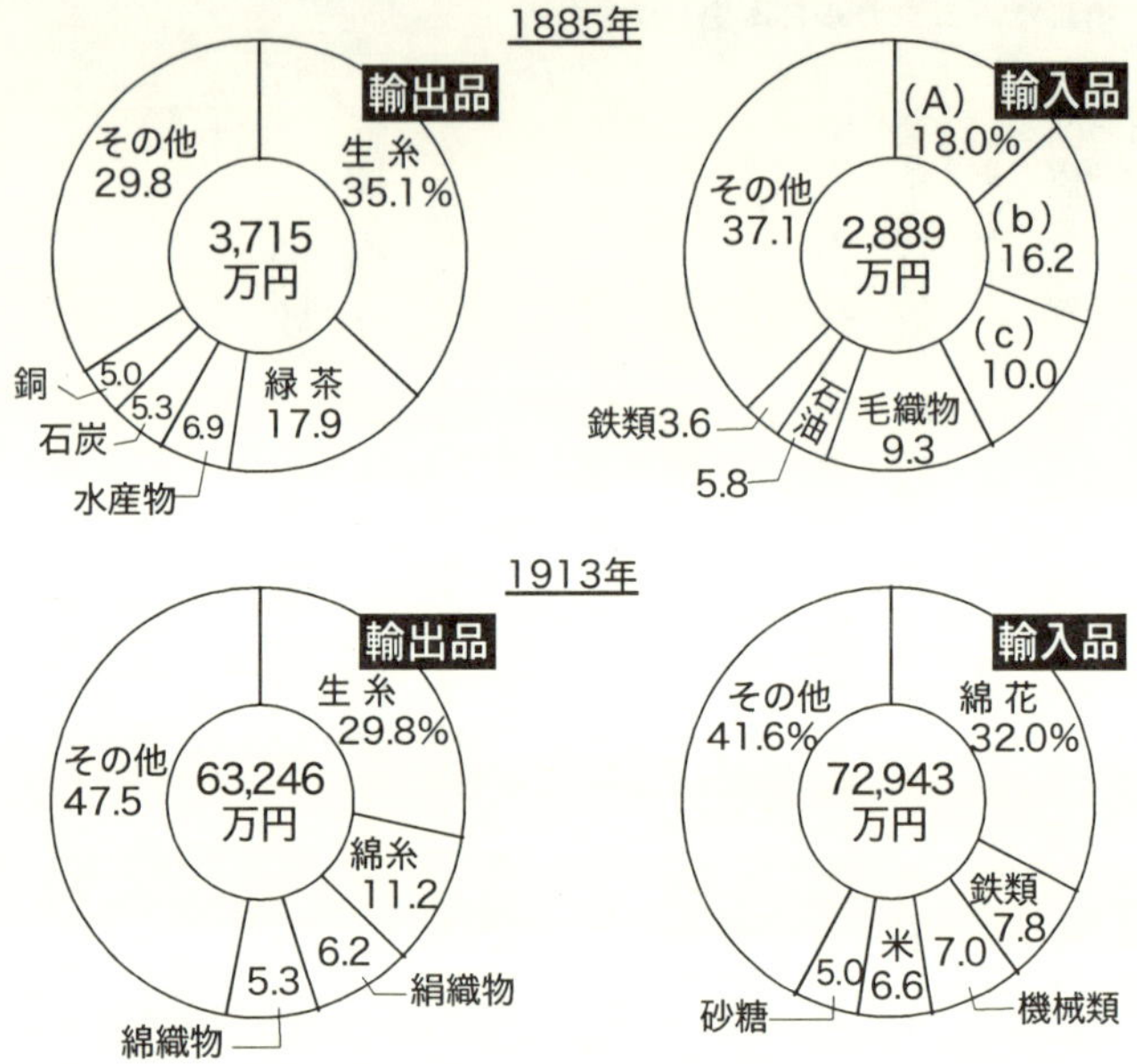

設問　1885年の輸入品の上位３品目（A・B・C）を比率の多いものから順に列挙するとどうなるか。次のうちから一つ選びなさい。

ア．綿花―砂糖―綿糸　　イ．綿織物―機械類―砂糖
ウ．砂糖―綿糸―米　　エ．綿糸―砂糖―綿織物
オ．綿花―綿織物―砂糖

（桃山学院大学・1997年）

アとオを消去します。同じように、「機械類」の輸入もこれから伸びてくるだろうが、まだこの段階で上位二番ということは早すぎる、と考えてイを消去します。そして残った選択肢のうち、日本の農業の主力生産物である「米」が輸入品の上位三位になっているウはおかしい。と考えて消去。これで正解のエが絞り込めました。この問題は、近代経済史における産業革命時代のイメージが理解されていれば解答できる問題なのです。

(3) 論理的思考が不可欠な問題

設問6 (前略) 銀本位制のはたした役割として正しいものを下記から一つ選べ。

(a) 当時は金に対する銀の価値が高まる傾向にあったので、銀本位制は円の対ドルレートを円高(円の価値が高くなる)方向に向け、日本製品の輸出を増やす役割をはたした。

(b) 当時は金に対する銀の価値が高まる傾向にあったので、銀本位制は円の対ドルレートを円安(円の価値が低くなる)方向に向け、外国製品の輸入を増やす役割をはたした。

(c) 当時は金に対する銀の価値が低まる傾向にあったので、銀本位制は円の対ドルレートを円高(円の価値が高くなる)方向に向け、外国製品の輸入を増やす役割をはたした。

(d) 当時は金に対する銀の価値が低まる傾向にあったので、銀本位制は円の対ドルレートを円安(円の価値が低くなる)方向に向け、日本製品の輸出を増やす役割をはたした。

設問14　金輸出解禁および金輸出再禁止の説明として正しいものを下記から一つ選べ。

(a) 金解禁時の円の対ドルレートが実質的に円高だったため、金解禁によって日本製品の輸出が急増し、対外経済摩擦が激化したので、金輸出は再禁止された。

(b) 金解禁時の円の対ドルレートが実質的に円高だったため、金解禁によって日本製品の輸出が打撃をうけ、不況が激化したので、金輸出は再禁止された。

(c) 金解禁時の円の対ドルレートが実質的に円安だったため、金解禁によって日本製品の輸出が急増し、対外経済摩擦が激化したので、金輸出は再禁止された。

(d) 金解禁時の円の対ドルレートが実質的に円安だったため、金解禁によって日本製品の輸出が打撃をうけ、不況が激化したので、金輸出は再禁止された。

（大阪経済大学・一九九八年、正解は設問6＝d、設問14＝d）

暗記一辺倒の受験生が大嫌いな問題です。ですが、このように、近代経済史の問題で「円安・円高」「インフレ・デフレ」「好景気・不景気」「輸入拡大・輸出拡大」といった現象を論理的に考えることができなければ解答できない問題は結構あるのです。

（4）平和学習の教材としても使える近現代史の問題

A　憲法第九条の思想を問うもの。

次の文章を読み、問いに答えよ。

「マッカーサー自身は、彼の参謀に、憲法で永久に日本が戦争できる能力を許さないことを規定するよう命令しました。そのため、マッカーサーの参謀は一九二八年のケロッグ・ブリアン条約を使って今の第九条を書きました。そのマッカーサーの命令は小さなノートです。もちろん英語で“Outlaw War”とだけ書いてありました。これはマッカーサーからホイットニーへのノートです。ホイットニーはどのようにしてそれを憲法に含めることができたのでしょうか。ケーディス大佐自身の話によると、彼がハーバード大学の学部学生のとき、一九二八年のケロッグ・ブリアン条約が非常にはやっていました。そして、彼がそれを覚えていて、『ホイットニー大将、ケロッグ・ブリアン条約にその言葉が含まれています。』と言ったのです。ホイットニー大将はすごくエキサイトして、東京大学の図書館へケーディスといっしょに行きました。東京大学の図書館は空襲されていませんでしたから本は皆大丈夫でした。

（中略）そしてケロッグ・ブリアン条約のコピーを見つけ、第一ビルにもって来て、第九条を書きました。それで、今、日本の憲法に第九条があります。」（グラント・K・グッドマン「GHQ時代の経験を語る」より）

問1．上の文章には、「日本国憲法」第九条が「戦争放棄に関する条約」と密接な関連をもって起草されたと指摘されている。この点について以下の問〔1〕～〔3〕に答えよ。

〔1〕「戦争放棄に関する条約」と、それが調印された時期の日本との関係について五〇字以内で説明せよ。

〔2〕「戦争放棄に関する条約」では、「締結国は国際紛争解決の為《ため》、戦争に訴ふることを非とし、且《かつ》其の相互関係に於て国家の政策の手段としての戦争を放棄することを、其の各自の人民の名に於て厳粛に宣言す」（第一条）、「締結国は相互間に起ることあるべき一切の紛争又は紛議は、其の性質又は起因の如何《いかん》を問はず平和的手段に依《よ》るの外《ほか》、之《これ》が処理又は解決を求めざることを約す」（第二条）とされている。

また「日本国憲法」では、「日本国民は、正義と秩序を基調とする国際平和を誠実に希求し、国権の発動たる戦争と、武力による威嚇又は武力の行使は、国際紛争を解決する手段としては、永久にこれを放棄する。前項の目的を達するため、陸海空軍その他の戦力は、これを保持しない。国の交戦権は、これを認めない。」（第九条）とされている。

両者の文言はよくにているが、歴史上の役割という点から見た場合、両者はまったく同じなのだろうか。それとも違いがあるのだろうか。この点について五〇字以内で記述せよ。

〔3〕グッドマンの文章では「戦争放棄に関する条約」の文言がそのまま「日本国憲法」に移されたように記述されている。しかし日本史に関する歴史的事実をよく知っている人は、上の条約成立以前の日本に、戦争に反対する考え方や運動があらわれ、それが一定の伝統をなすに至っていたことを認めるだろう。そうした考え方や運動について五〇字以内で説明せよ。（以下略）

（東京都立大学・一九九四年）

B　現在の私たちのアジア蔑視意識を問いなおすもの。

これからの日本とアジア諸国との関係改善をはかるためには、今もなお日本社会の中にある「脱亜的状況」を取り除かなければならない、という見解がある。この見解に対する君自身の意見と、日本人の意識や行動および日本の制度などにおける「脱亜的状況」の有無にふれて述べよ。

（東京学芸大学・一九九四年・小論文）

C　アジアの視点から戦争を再認識させる問題

一般に「太平洋戦争」と呼ばれている戦争は、「アジア・太平洋戦争」とも呼ばれる。以下の地名を用いてこの戦争の広がりを説明するとともに、これら二つの用語について意見を述べなさい。（二五〇字）

インパール　ガダルカナル　真珠湾　マレー半島

（津田塾大学・二〇〇〇年）

D　侵略・植民地支配の実態を問う問題

次の文章を読み、設問1〜2については記号をマークし、設問3〜5については適切な語句を漢字で記入しなさい。

一九〇五年、日本の保護国とされた韓国では　1　が全国に拡大し、日本は軍事力でこれを鎮圧した。一九一〇年に韓国を併合した日本は、京城に　2　をおき、厳しい「武断政治」を行った。朝鮮人は政治結社をつくることはもとより、政治集会を行うことも許されず、また一九一一年には　3　により朝鮮人の「日本人」化がおし進められ、民族教育を行う私立学校や私塾は閉鎖された。さらに、土地調査事業(1)が全土で実施された。

第一次世界大戦後、世界で民族自決の気運が高まるほか、一九一九年三月一日に知識人たちが独立宣言を発すると、「独立万歳」を叫ぶデモや集会が全国各地に広がった。だが、日本の軍隊や警察による武力弾圧(2)の結果、運動は二カ月後には数千の犠牲者を出して終わった。この運動は日本の植民地統治に衝撃を与え、「武断政治」は「文化政治」へと改められ、結社や言論の自由も部分的に認められた。しかし「文化政治」は朝鮮における反日抵抗運動をなくすものではなかった。例えば、一九二六年六月、李朝最後の国王純宗の葬儀の日に、各地で独立を叫ぶデモが行われたし、三〇年代に入ると、間島地方を根拠地とする抗日武装闘争も激しくなったのである。

　4　によって始まった日本のアジア・太平洋地域でのいわゆる一五年戦争のなかで、朝鮮半島の兵站基地としての意義が大きくなり、朝鮮の人的、物的資源は徹底的に収奪された。七〇万人以上の人々が日本に 5 され、鉱山や土木事業などで、民族的差別の下に、奴隷的重労働に従事させられただけでなく、多くの女性が日本兵のための性的奴隷[(3)]として戦場につれて行かれた。

他方、 6 政策の名の下に、朝鮮人の日本への同化が徹底的におし進められた。一九三七年以降、神社参拝、日の丸掲揚などが強制され、学校での朝鮮語の使用禁止、一九四〇年からは名前を日本式に改める 7 の強制、一九四三年から徴兵制の導入がなされた。

設問1　空欄1～4に入る適切な語を下記の語群から選びなさい。

[語群]

A山東出兵　B義兵闘争　C乙未事変　D朝鮮政庁　E私立学校令　F満州事変　G甲午農民戦争　H関東都督府　I壬午軍乱　J朝鮮教育令　K支那事変　L朝鮮総督府　M教育基本法　N上海事変　O朝鮮人学校令　P朝鮮統監府

設問2　傍線(1)の土地調査事業に関する次の各文のうち、誤っているものを一つ選びなさい。

A　一九一八年に完了したこの事業により、朝鮮に近代的な土地私有制度が確立した。

B　所有権が明確でないとされた土地や、申告漏れの土地が次々と国有地として没収され、その後、多くの日本企業や日本人に払い下げられた。
C　この事業によって土地を失った農民の一部は中国東北地方や日本へ移住した。
D　この事業の結果、耕地面積は約四二〇〇万haから二四〇〇万haへと大幅に減少し、朝鮮内の米不足は深刻になった。
設問3　傍線(2)について、朝鮮人の独立運動やその他の政治的活動を弾圧するための特別な抑圧制度を何というか。
設問4　傍線(3)について、通常、このような女性たちは何と呼ばれているか。
設問5　空欄5～7に適切な語句を記入しなさい。
(明治大学・一九九七年、正解は、設問1（1＝B、2＝L、3＝J、4＝F）、設問2＝D、設問3＝憲兵警察制度、設問4＝従軍慰安婦、設問5（5＝強制連行、6＝皇民化、7＝創氏改名）)

問　今日の在日朝鮮人・韓国人問題の起源は、一九四五年までの日本の朝鮮半島に対する植民地政策にある。
（一）韓国併合以降一九四五年までの期間に朝鮮半島で実施された植民地政策につ

いて、具体例をあげながら説明しなさい。

（二）朝鮮人・韓国人が日本に居住するようになった経緯を、下の図（略）を参照しながら時期を区分して説明しなさい。

問　今日社会問題になっている中国残留日本人婦人・孤児問題の起源は、一九四五年までの日本の中国への侵略と日本の戦後処理のあり方とによる。

（一）多数の日本人が中国に移住した経緯を、一九三〇年から一九四五年までの時期について説明しなさい。

（二）戦後、日本政府が中国残留日本人婦人・孤児問題に対して本格的に取り組むまでに長い年月を要した。なぜこの問題が今日までに解決されずにきたか、日本をとりまく戦後の国際関係と関連づけて説明しなさい。

（慶応義塾大学・一九九四年）

このように、大学入試問題のなかにも、単なる丸暗記では解けない「科学的な歴史理解」（これについては第Ⅳ章で論じます）を必要とする問題は珍しくないのです。予備校教師は、こうした問題を解けるように学生を指導せねばならないのですから、「受験テクニック伝授型」や「ドリル暗記型」の授業は、私など恐くてとてもできません。かといって、予備校の授業ですから、実際の入試問題をどう解けばよいのかを指導できなければ話になりません。些末な受験テクニックを弄したり、意味もわからずに暗記させるといったやり方で切り抜けるという愚策ではなく、何とか正攻法で解けないものか、私が常に苦心しているのはこの点です。

また、受験が正常な教育の妨げとなっているという、よく耳にする主張がありますが（この主張自体は正しいと思います）、受験を無視するわけにいかないのであれば、逆に受験を、つまり入試問題を逆手にとってみれば良いのです。次に、私の授業実践例をいくつか紹介してみます。

「一騎打ち」を手掛かりに鎌倉時代の全体像を描く

> 一三世紀におけるモンゴルの対日本戦争に関して、下記の設問に答えよ。
> 二度の合戦（一二七四年文永の役、一二八一年弘安の役）における日本軍の戦い方には、モンゴル軍とくらべてどのような特徴があったか。日本の武家社会の特質と関連させて、次の語句をすべて使い述べよ。
> 恩賞　武士団　集団戦　一騎討ち
> （東京大学・一九九三年）

元寇《げんこう》（蒙古襲来《もうこしゅうらい》）の時に日本の武士たちが一騎打《いっきう》ち戦法で戦ったことはよく知られております。騎馬民族であるモンゴル軍は集団戦法を得意としておりましたので、名乗りを挙げてから戦闘を行うという一騎打ちだと圧倒的に不利な戦いになります。にもかかわらずなぜ日本の武士は一騎打ちで挑んだのか。たしかに言われてみれば不思議な現象です。その原因を、「武家社会の特質」と関連させて説明させるという問題です。

予備校は志望校に応じてクラス（コース）分けがなされております。東大志望者のクラスでは、まずこの問題を紹介してから授業に入っていきます。東大志望者以外のクラスでは、東大の問題を示すことに必然性がありませんので、一般論として、なぜ一騎打ちで挑んだのだろう？　と問題を投げ掛けてから授業に入ります（あるいは、進行の状況によっては、一通り授業を展開してから最後に発問することもあります）。

鎌倉時代を扱うときには、まず、鎌倉幕府の支配体制が「惣領《そうりょう》制に基づく御家人《ごけにん》制」に依拠しているということを説明します。板書例のように、将軍と直接の主従関係を結んだ武士を御家人といいますが、その主従関係は、将軍から御家人への御恩《ごおん》（先祖伝来の土地を保証したり、戦功があった場合には新たな所領を与えたりします）と、御家人から将軍への奉公《ほうこう》（いろいろありますが、最も重要なのは将軍のもとで戦に従事する軍役です）によって成り立ついわば契約の関係です。

〈板書例〉

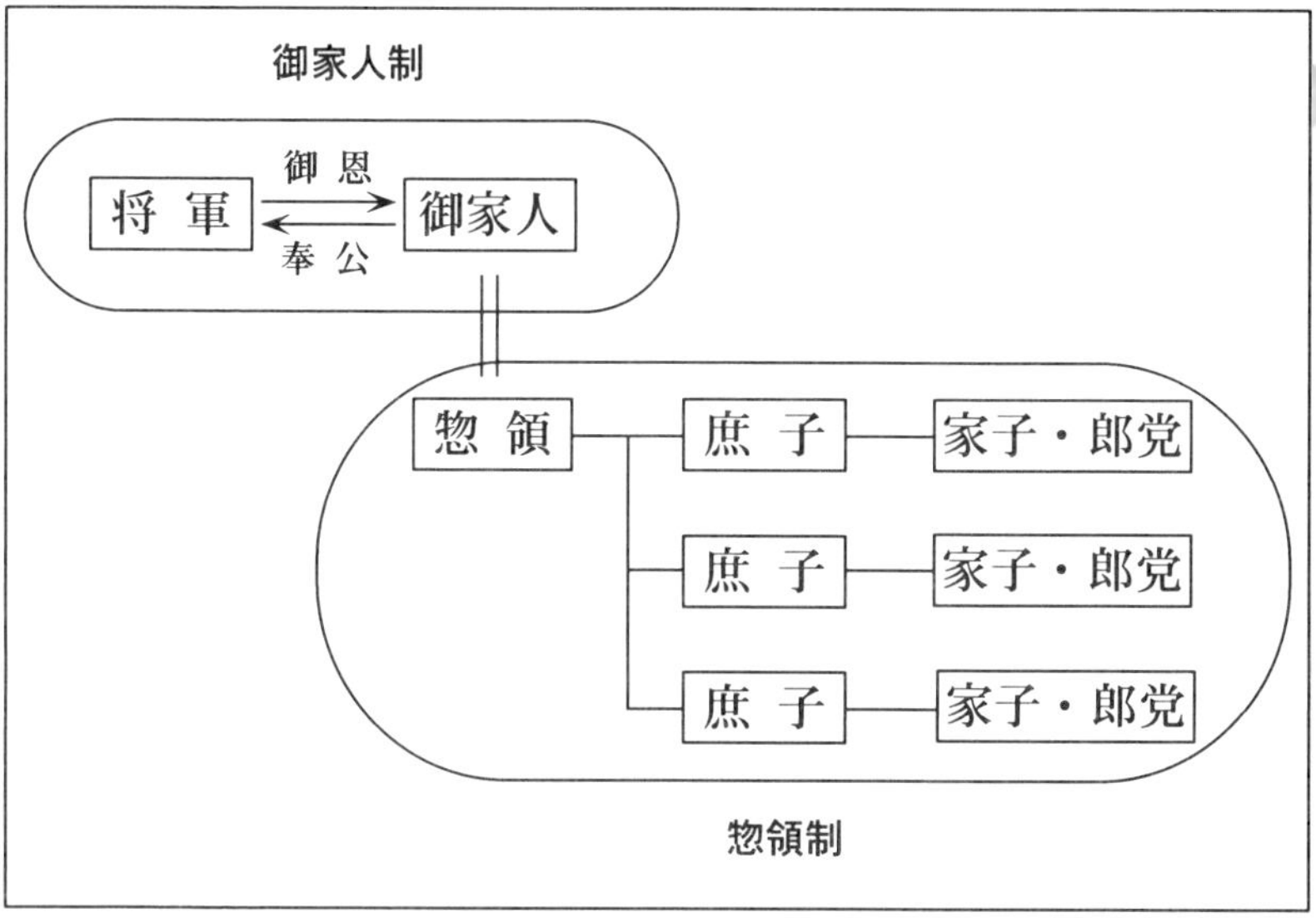

この御家人制とは別に、武家社会には惣領制という血縁原理に基づく同族組織がありました。これは、一族（一門）の長である惣領が、一族の庶子《しょし》たちを統率し、さらに家子《いえのこ》・郎党《ろうとう》と呼ばれる非血縁の従者（下級武士）を従えているというものです。そして、惣領が将軍との間で主従関係を結んでおり、御家人として軍役奉公を務めるときには、一族全体を率いて従軍するという構造になっています。

惣領は、一族の氏寺《うじでら》・氏神《うじがみ》を祭り一族の所領全体を統轄していましたが、所領は庶子たちに分割されて管理を委ねられていました。ですから、簡単に言えば、庶子たちにとっては、所領を分割してくれるのだから、惣領の命にしたがって奉公を務めようという関係だったのです。そして、鎌倉幕府が必要な奉公を確保できたのは、この惣領制という武家社会の組織があったからにほかなりません。ここまでは、鎌倉時代の授業の最初のところで話す内容です。

ところで、問題の元寇は、一二七四年と一二八一年ですから、鎌倉時代の後半にあたります。このころには武家社会の様相も初期の頃とは大きく変質してきています。授業のテーマとしては「鎌倉時代後半の変動」というところで、図（左ページ）のような板書を作成しながら説明をすすめていきます。政治・外交・経済・社会の四領域に分けて、それぞれのキーワードを並べます。

「政治＝得宗専制政治」（これは授業では別の単元で丁寧に扱い済みの事項なので今は省略しますが、ひとまず北条氏の独裁体制とご理解ください）

「外交＝元寇」

「経済＝貨幣経済の発達＆分割相続の進行」

「社会＝血縁的結合から地縁的結合へ」

当時の武士たちは恩賞を目当てとして戦闘に従事していたのですが、元寇後の恩賞は不十分で、しかも途中で打ち切られてしまいました。これが御家人窮乏化の一因ですが、この点については、ある程度勉強をしている学生であれば理解しています。

ですが、御家人の窮乏化は元寇前から進んでいましたので、より本質的な窮乏化の原因

〈板書例〉

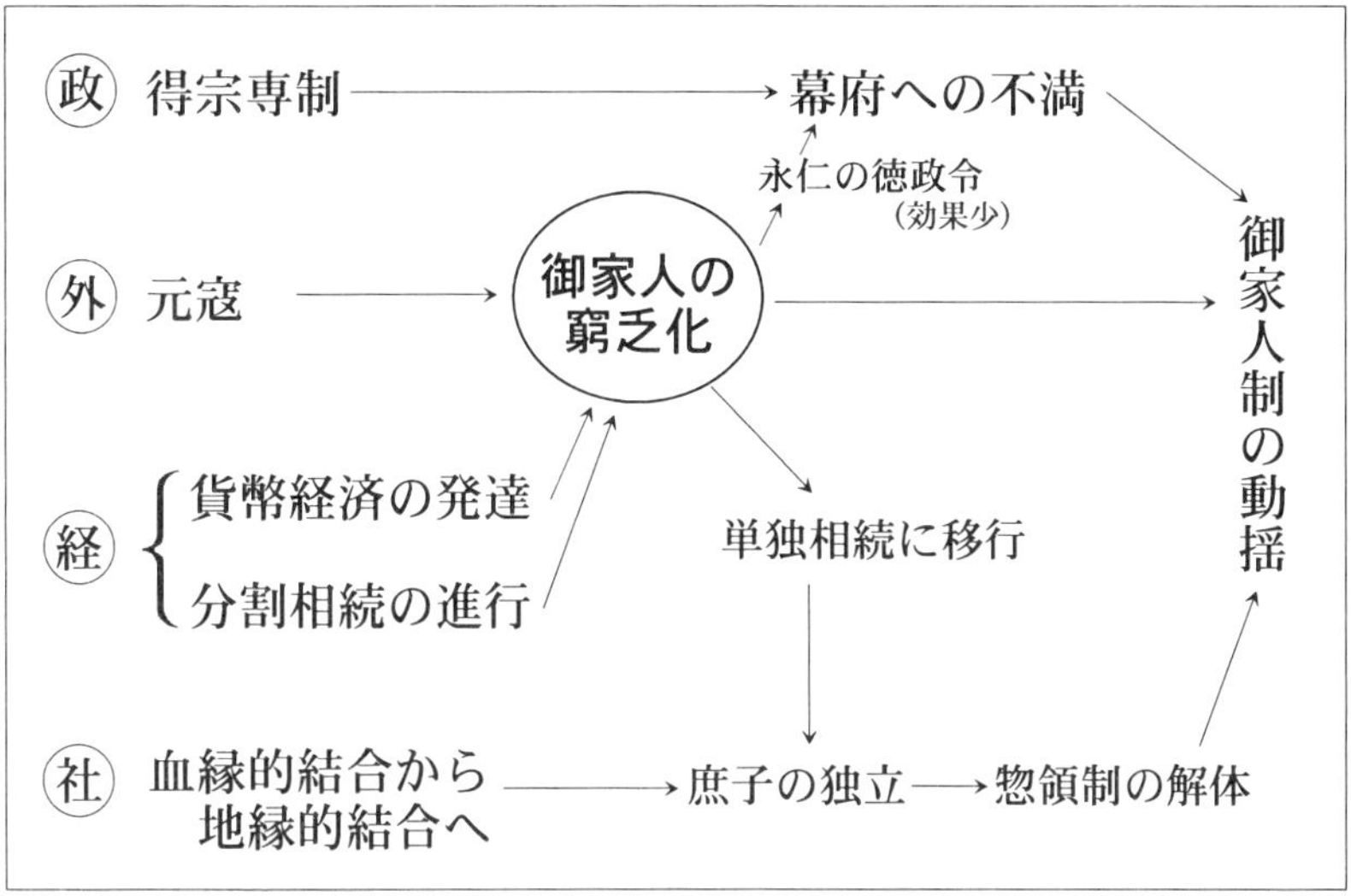

があったはずです。それは、貨幣経済の発達にともない消費が著しく拡大したことと、分割相続を重ねていくことで一人あたりの所領が細分化されてしまったということなのです。そこで、この窮乏化対策として幕府は、一二九七年に永仁《えいにん》の徳政令《とくせいれい》を発して御家人を救済しようとしましたが効果は少なく、かえって御家人の幕府への不信感を募らせることとなりました。となると、御家人たちは自分たちで救済を図るしかないわけでして、それが所領を惣領が単独で相続するというものです。

　こうして、惣領のもとにおける血縁的結合が弱まるにつれて、惣領の統制から独立する庶子が現れはじめます。これが惣領制の解体という現象で、その結果、従来のように惣領が一門を率いて従軍するといったスタイルが崩れてくるのです。

さて、ここまでは、問題とは関係なく進めていくのですが、この辺で最初の問題を考えてみることにしています。板書の図を見る限りだと、左から右へと時間が流れているようですが、実際には同時進行的に進んでいます。そこで、元寇の時期と惣領制解体の時期がおおむね重なっていることを指摘しておきます。教科書では、元寇の記述と惣領制解体の記述は離れています。教科書によっては異なる単元に出ているものもあります（例えば、山川出版社発行の『詳説日本史』では、元寇の一騎打ちの記述は一〇三ページに、惣領制解体の記述は一一八ページに記述されています）。ですから、この二つが同時代的であるということ自体が学生たちには驚きのようです。勘の鋭い学生であれば、これで、なぜ元寇の時に一騎打ちが相次いだのか気付く学生もいますが、授業は次のように進めていきます。

まず、何のために一騎打ちをするのか問い掛けます。この点には、問題に使用語句として「恩賞」が与えられていることもありますので、「恩賞目当ての一騎打ち」というのは簡単に思いつきます。次に、本来惣領制がうまく機能していたならば、戦闘に従事した個別の武士たちはどうやって恩賞を得られたはずか、と問います。ここで、以前に学習した惣領制の仕組みについて復習することになります。その過程で、惣領に恩賞（御恩）が一括して与えられ、庶子たちは惣領から恩賞を分与されるということに気づかせます。その点に気づけば、元寇の頃に進行していた惣領制解体の結果生み出された独立庶子家が個別に恩賞を求めて一騎打ちに挑んだということが指摘できるのです。

なお、授業ではこの先次のように展開しています。独立庶子家が、個別バラバラに戦うのではいくら何でもまともな戦闘とはなりません。そこで、幕府は守護（守護は、もともとは今でいう警察権を中心とする権限を持っておりました）の権限を拡大して、御家人や独立庶子家を含む非御家人たちすべての武士を軍事動員できるようにしました。この話を手掛かりにして、室町時代の守護領国制という支配体制がどういうふうにして生まれたかという単元に接続していきます。

❖この問題を通して教えられること

ある時代を構成している政治・外交・経済といった各要素の連関性と、それらが次の時代を構成する各要素とどのように連関しているかということを考えさせます。このことを私は「科学的な歴史理解」と呼んでおります（第Ⅳ章）。そして、このようにして、教科書ではバラバラな知識として記載されており、おそらく高校までの歴史学習ではバラバラなものとして覚えていたであろう知識（ここでは、一騎打ちと惣領制解体）が連関しているということを論理的に発見させる授業を狙っています。

「読み書き計算能力」から江戸時代の社会と経済を読み解く

次の文章を読み設問に答えよ。

その国民がどのくらい読み書き能力を持っているかということは、その国が近代化を遂行するに当たって大きな要因となる。日本の場合、徳川三百年の平和の中で、寺子屋などによる庶民教育の普及が行われ、幕末の段階で識字率三〇％に達したといわれる。これは当時の世界水準としてはきわめて高いものであった。儒学を中心とした学問も徐々に武士や豪農・豪商に広がっていた。明治維新以後の欧風化の教育の急速な普及はこうした土台の上に達成された。以後今日まで、初等、中等、高等の各レベルの教育とも、一貫してその普及の度を高めて来た。

近代の豪農はなぜ学問を必要としたのか。彼らの農村内における役割にも留意しながら述べよ。

（東京大学・一九八五年）

いささか古い問題ですが、江戸時代の民衆の識字《しきじ》率の高さや寺子屋の普及度は教科書でもしばしば指摘されている基本的なテーマなので、授業では特にこの問題とは関わりなく取り上げることもあります。その場合には、導入としてしばしば次のようなエピソードを用います。

幕末にやってきて日本を開国へと導いたアメリカのペリーは、その著書『日本遠征記』で、「教育は同帝国至《いた》る所に普及して居《お》り」と言い、「人民が一般に読み書きを教えられていて」と記しています。幕末・明治維新期に来日した外国人の中には、日本人の識字・計算能力の高さに対して驚きの声をあげた者が少なくなかったのです。その原因としては、江戸時代を通して民衆の教育機関である寺子屋が、都市部のみでなく農村部にまでも広く普及していた点があげられます。そして、このように江戸時代になってから急速に寺子屋が発達した背景には、民衆の側に教育を求める意識が強く働いていたからにほかならないのですが、それはなぜなのでしょうか？ と問題を投げ掛けてから授業を進めます。

たとえば、日本人は昔から勉強好きだったからといった答えでも返ってくるかもしれません。ですが、これでは、「科学的な歴史理解」とは言えません。ところで、私がこの問題を扱うのは、江戸時代の最も最初の部分、つまり、江戸時代の支配体制である「幕藩体《ばくはん》制」の単元です。「幕藩体制」の単元では、幕府と大名・農民・町人・寺社・朝廷それぞれの関係について説明しますが、そのうち、農民統制についてまとめた後で発問します。

江戸時代になると兵農分離政策によって、支配者である武士と被支配者である農民は城下町と農村に空間的に分離されました。こうした状況のもとで、江戸幕府は文書を通じた農民支配のシステムを構築していったのです。それは、法度《はっと》・触書《ふれがき》・高札《こうさつ》・五人組帳前書《ごにんぐみちょうまえがき》（五人組の成員が守るべき規則を収録した法令集）といった法令を通して支配するようなシステムです。このとき、こうした法令の伝達や年貢の徴収を行ううえで重要な役割を果たすことになる支配の仕組みが村請制《むらうけ》というものでした。村請制とは、法令伝達や年貢納入を村単位に請け負わせるもので、名主《なぬし》（庄屋《しょうや》）・組頭《くみがしら》といった村役人（村のまとめ役）を通じて法令などが村内の本百姓たちに伝えられるという仕組みです。

年貢納入のあり方も、個々の本百姓がバラバラに納めるのではなくて、村で一括して納入するというシステムがとられていました。それは、次のような手続きによって行われていました。

年貢徴収の重要文書として地方《じかた》三帳（取箇郷帳《とりかごうちょう》・年貢割付《わりつけ》状・年貢皆済《かいさい》目録）というものがあります。まず、取箇郷帳がいわば納税の基本台帳で、これに基づいて決定された年貢高などを記した年貢割付状が、領主から各村の村役人に通達されます。そこで、村役人が村内の本百姓に各人の納入高を割り当てて徴収し、一括して納入するのです。こうして年貢を完納したときに領主から交付されるものが年貢皆済目録、いわば領収書のようなものです。さて、ここまでは村請制を教えるときに必ず触れる基本事項です（もっとも、年貢納入のあり方の部分はちょっと細かいので、クラスによっては簡略化します）。ここまで説明したうえで、最初の問題を考えさせます。

村請制のもとで行われていた支配の仕組みがわかれば、村役人層に識字と計算能力が欠かせないという点についてはすぐわかるはずです。では、一般本百姓にも識字・計算能力が求められる事情は何なのでしょうか。名主（庄屋）・組頭と並ぶ村のまとめ役に百姓《ひやくしよう》代《だい》というものがあります。江戸時代の初期、名主たち村役人の不正を巡って、生産の安定と発展によって力をつけてきた一般本百姓と村役人との間に対立・紛争が見られるようになりました。そこで、一般本百姓側の利害代表者として百姓代が設けられました。今で言う監査役のようなものです。ですから、一般本百姓が村政に参加したり、また名主らの不正を監視したりするためには、彼らの側にも法令の読解や年貢割当ての計算ができねばならなかったのです。

次に、視点を変えて経済的要因について考察してみましょう。江戸時代になって次第に商品経済が発展し農村部にも貨幣が浸透してきた、ということは教科書にも載っている基本で受験生ならば当然理解しておかねばならないところです（それだけに、授業でも丁寧に扱います）。

例えば、江戸時代の学者荻生徂徠《おぎゆうそらい》の『政談《せいだん》』にも「元禄の頃より田舎へも銭《ぜに》行渡りて、銭にて物を買うことになりたり」とあります（これは基本史料として受験用史料集には必ず載っている有名なものなので、「手元の史料集を見てご覧」とうながします）。その結果、都市部の町人はもちろんですが、農村部の農民たちにとっても、商品作物の売却や農業・生活に必要な品々の購入に際して、契約書の作成や計算の能力が不可欠とされるようになってきたのです。また、従来農業技術は、おもに経験によって培われ、親から子へと自然に伝えられてきました。ですが、商品経済の発展に見合う、より高度な生産技術を習得するためには、経験の伝達のみでは次第に困難となってきたのです。そこで、一七世紀末に著わされた宮崎安貞《やすさだ》の『農業全書《のうぎょうぜんしょ》』などの農書からも技術を学ぶ必要に迫られるようになり、こういう点でも、識字力が不可欠となってきたのでした。

以上が、江戸時代の農民にとって、識字・計算能力が欠かせなくなった事情です。そして、需要に答えるために、農村部にも寺子屋が広く普及することとなったのです。

❖この問題を通して教えられること

寺子屋の普及という文化史上の出来事と村請制・商品経済の発達という政治・経済史で学ぶことが密接に連関しているという「科学的な歴史理解」を身につけてもらいたいのです。受験生の常識では、教育史は「文化史」の一領域として了解されております。そして、多くの受験生は文化史の勉強は後回しにして、まずは政治史・外交史などを先にやっておこう、と考えているようですので、文化史上の出来事と政治・外交・経済史は結びつかないままで切り離して覚えているだけ、というケースが多々あります。教科書ではバラバラに登場してくるために学生たちもバラバラに単に知識としてのみ覚えていた諸事項の連関性を論理的に説き起こしていく授業が可能なのです。

「参勤交代」でショックを与える

次の文章を読み、下記の設問に答えよ。

一七二二年、江戸幕府は全国の大名に対して石高一万石あたり一〇〇石の上げ米を命じ、その代償として参勤交代の江戸在府期間を半減する措置をとった。この上げ米制は八年後に廃止が決定され、在府期間ももとに戻されることになるが、参勤交代制の緩和に対しては、幕府に近い人々から、幕府と大名の関係に重大な変化をもたらすおそれがあるものとして批判的な見解が示された。

参勤交代の緩和策がなぜ重大な変化をもたらすおそれがあると考えられたのか。

幕藩体制における幕府と大名の関係に留意しながら述べよ。

（東京大学・一九九八年）

問題文中の上《あ》げ米《まい》とは、江戸幕府第八代将軍徳川吉宗《とくがわよしむね》が断行した享保《きょうほう》の改革の時にとられた政策で、問題文にあるとおり、全国の大名に対して幕府に米を献上させる代わりに参勤交代を緩和するというもので、財政難に苦しむ幕府の財政再建策の一つです。

この問題は、授業の順番から言えば、「享保の改革」の単元で扱うのが自然なようですが、先の寺子屋の問題と同様に、「幕藩体制」の単元で幕府と大名の関係を考えるときに扱います。ところで、東大の問題ばかり扱っているようですが、東大の問題は、些末なことを問うことはなく、歴史の最も本質的なテーマについて考えさせる良問が多いのです（残念ながら近年の東大の問題は質が落ちていますが……）。ですから、東大志望者のクラスでなければ、東大の問題として示す必然性はないので、「こんな問題を考えてみましょう」と、問題を一般的な発問にアレンジして考えさせるようにしています。

さて、江戸幕府の大名支配のあり方を教える場合、参勤交代は重要な事項として登場します。どういうものかは、小学校以来学んできているので、大名が家臣を引き連れて江戸にやってくるということくらいは何となく知っているはずです。まず、基本事項を一通り確認したうえで、「参勤交代は何のためにやったの？」と発問します。この問いを何人かの学生に当てて答えさせさせると、必ずこういう答えが出てきます。

「大名に金を使わせて経済力を弱め、幕府に抵抗できないようにするためです」

そこで、参勤交代を制度化した寛永《かんえい》の武家諸法度《ぶけしょはっと》（幕府が大名に対して発した法令で、寛永令は一六三五年に第三代将軍徳川家光《いえみつ》によって定められた）の次の条文を示します。

「大名・小名、在江戸の交替相定《あいさだ》むる所なり。毎歳《とし》夏四月中、参勤致《いた》すべし。従者の員《いん》数《ずう》、近来甚《はなは》だ多し。且《かつ》は国郡《こくぐん》の費《つい》え、且は人民の労《つか》れなり。向後《きょうこう》、其《そ》の相応を以《もっ》てこれを減少すべし」

これは、教科書にも掲載されている有名な基本史料なので、本当は学校の授業できちんと読んでいるはずなのです。にもかかわらず、この法令で幕府自らが「あまり派手な行列を作ってやって来ると金がかかって財政難になり、その結果年貢増徴でもしたら農民たちが苦しむことになる。だから、余り費用のかかる派手な行列はやめなさい」と言っていることに気づいていた学生はほとんどいません。ここで、今まで自分たちがそうだと思い込んでいた理由の正当性が動揺してきます。そこで、追い打ちをかけるように、「東大でこんな問題が出たことがある」と前置きして、次の、一九八三年の第三問を読み上げます。

「参勤交代が、大名の財政に大きな負担となり、その軍事力を低下させる役割を果たしたこと、反面、都市や交通が発展する一因となったことは、しばしば指摘されるところである。しかし、これは参勤交代の制度がもたらした結果であって、この制度が設けられた理由とは考えられない。どうして幕府は、この制度を設けたのか」(傍点竹内)

つまり、東大の教官が、問題文中で、結果的に大名は財政難になったがそれが参勤交代をやらせた理由というわけではない、と明確に学生たちの長年の「思い込み」を否定しているのですから、ここで、学生たちは、いやでも自分の頭で考えていかざるを得なくなるのです。

さて、ここでさまざまな史料を示して自分たちでそれらを読解しながら答えを見つけ出していくという授業実践ができれば良いのですが、残念ながら、予備校の授業ではそれは無理です。そこで、私の方で、考えるうえで必要な情報を次から次へと示していきながら、そのどこかの段階で気づいてもらうという方法で進めていきます。

まず、鎌倉時代の御家人制を復習します。ちょうど一一一～一一七ページに掲げた問題のところで御家人制について説明しておりますが、その時のことを簡潔に繰り返すのです。そして、「御恩と奉公の関係というのは、教科書では鎌倉時代にしか出てこないけど、実は、武家社会では常にこの関係が基本なのです」と告げ、江戸時代も君臣の主従関係の基本は御恩と奉公の関係だということを確認し、鎌倉時代の「将軍―御家人」関係を、江戸時代の「将軍―大名」に置き換えてみます。

　そして、将軍から大名への御恩とは何か？　と発問します。これだと気づかない学生が多いので、教科書には必ず載っている、江戸時代の大名の配置地図を見せます。そして、その地図の各大名の名前のそばに書いてある数字に注意を促します。この数字とは、各大名が支配している領国の石高です。たとえば、二〇万石の大名であれば、二〇万石に相当する生産力をもつ領国の支配権（農民からの年貢徴収権など）を将軍から委ねられているということで、これが、将軍から大名への御恩にあたるのです。この、与えられた石高が御恩にあたるということには気づきにくいようです。

　おそらく、御恩と奉公という用語を学ぶのは教科書で言えば鎌倉時代の箇所なので、学生たちの頭の中では、鎌倉時代のみのこととして暗記されているのでしょう。もっとも、高校で御恩と奉公を学習したときに、教師がそこから封建制度の基本原理の説明へと発展させていれば、中世（鎌倉・室町時代）と近世（江戸時代）の連続性に気づくのは難しくはないでしょうが、そのためには、教師と生徒の双方にかなりの力量が求められるかもしれません。

　話を進めましょう。学生たちは、この領国の石高が将軍からの御恩であることに気づいたので、「主君から御恩をもらっておきながら家臣が奉公をしないのはおかしいでしょ？」

と投げ掛けます。そこで次に、「では、大名は奉公として何をやるのでしょうか？」と問いたくなるのですが、この問い方は失敗します。勘のいい学生であれば、ここで「奉公として参勤交代をやります」と即答するでしょうが、それはちょっと困るのです。なぜならば、大名が江戸にやってくるのが参勤交代だとすれば、それは将軍にとって何のメリットがあるのか。それを考えないで、単に「参勤交代」と即答したのでしょうから、これでは、私が嫌っている「こう問われたらこう答えよう」式の機械的学習でも可能です。

そこで、領国の石高が御恩であることを確認しておいて、ただちに「大名は」と問うのではなく、いったん鎌倉時代に戻します。つまり、御恩に対する奉公として御家人が務めることの中で最も大切なものは何だったかと復習するのです。ここで、将軍のために戦に従事する軍役を思い出させます。これを確認しておいてから江戸時代に再びスライドさせ、大名が務める奉公として軍役の重要性を指摘します。つまり、将軍に対する謀叛でも起これば、大名はただちに江戸にやってきて将軍をお守りせねばならないのです。ところが、江戸時代には戦がありません。外国との戦争はやっておりませんし、内戦にしても、大坂の役《えき》、島原の乱といった江戸時代初期のものと幕末を除くとほとんどありません。余談ぽくこんなことを話すこともあります――「徳川氏による軍事独裁政権のもとで対外的侵略戦争を一度もやっていない江戸時代の不思議さ。つまり、戦争は人類にとって本能なのだからなくすことができないものだ、歴史上人間は常に戦争をやっているではないか、という俗説は、江戸時代を見るとあっさりと否定されてしまうのですね。」

さて、そうすると、軍役奉公をせねばならないとは言っても、現実的には、幸いにして、そのチャンスはないのです。となると、御恩だけもらって奉公をしない（あるいは不十分）ということになりますから、これでは武家社会の主従関係が根底から成り立たなくなってしまうのです。

ここまで来れば、ほとんどの学生が気づいてくれます。つまり、参勤交代とは、軍役奉公に替わるものとして、あるいは、平和な時代に軍役を儀礼化したものとして行われるのです。そして、これによって将軍と大名の間の御恩と奉公の主従関係を確認することになるのです。実際、幕府は、参勤交代の時に大名が連れてくる従者の数とその内訳について、大名の石高に応じた基準を定めます。ちょうど、実戦に際して家臣に軍事動員を命ずるようなものなのです。

ところで、上げ米に関する問題は、ここまで授業を進めて初めて提示します。つまり、参勤交代の基本原理について学習したうえでの応用問題ということです。上位学力クラスの学生であればこれですぐ気づきます。そうでないときは、一緒に考えていきましょうとしています。

❖この問題を通して教えられること

鎌倉時代と江戸時代という離れた時代の支配構造の共通点を探るということも大切なのですが、それ以上に私が期待しているのは次の点です。

参勤交代の理由として、なぜ学生は「大名を弱めるため」と必ず誰もが答えるのでしょうか。おそらく、これは、自分で考えて気づいた理由ではなく、小学校以来の学校や塾の授業で、教師から、参勤交代の理由はこうなんだぞ、と教わってきていたからそれを反復しただけだと思います。いわば、「こう問われたらこう答えよう」式の機械的学習の成果なのです。高校日本史の教科書ならば、先に掲げた武家諸法度の条文は史料として掲載されていますから、それを読んだときに、ふと疑問には思わなかったのでしょうか。

もちろん、参勤交代の理由としてはここで述べたのみではありません。江戸に相当数の武士が常駐するわけですから、町人・農民に対して支配階級である武士の強大な軍事力を知らしめるといった理由もありましょう。一つの制度・政策にはさまざまな目的や意図があるはずです。にもかかわらず、ある歴史上の現象を多面的に、史料的裏付けをもって考察するという歴史学習の最も基本をおろそかにして、自分の頭で考えるということを放棄した学習を高校までにやってきた学生がいかに多いか。参勤交代を通してショックを与える、と言ったら言い過ぎでしょうか？

入試問題から憲法を学ぶ

自由民権運動について、〔史料〕を読み、以下の問に答えなさい。ただし、史料では読みやすいように原文にふりがな、句読点、濁点を加え、また、適宜《てきぎ》省略をし、省略箇所を……で示した。

問　次の〔史料〕は、自由民権運動の重要史料である。この史料に関して次の(1)～(3)に答えなさい。

〔史料〕

臣等《しんら》伏《ふ》シテ方今《ほうこん》政権ノ帰スル所ヲ察スルニ、上帝室《ていしつ》ニ在《あ》ラズ、下人民ニ在ラズ、而《しこうして》独有司《ひとりゆうし》ニ帰ス。……　而《しこうして》政令百端《せいれいひゃくたん》、朝出暮改《ちょうしゅつぼかい》、政情実ニ成リ、賞罰愛憎ニ出ヅ、言路壅蔽《ようへい》、困苦告《つげ》ルナシ。……之ヲ振救《しんきゅう》スルノ道ヲ講求スルニ、唯《ただ》天下ノ公議ヲ張ルハ（A）ヲ立ルニ在ル而已《のみ》。……何《なん》トナレバ即《すなわち》今日我人民ヲシテ学且智ニ開明ノ域ニ進マシメントス、先其通義権利《まずそのつうぎけんり》ヲ保護《ほご》セシメ、之《これ》ヲシテ自尊自重《じそんじちょう》、天下ト憂楽《ゆうらく》ヲ共ニスルノ気象《きしょう》ヲ起《おこ》サシメズンバアル可《べ》カラズ。……今（A）ヲ立ルハ、即《すなわち》政府人民ノ間、情実融通《じょうじつゆうづう》、而《しこうして》相共《あいとも》ニ合《あわせ》テ一体トナリ、国始メテ可以強《もってつよかるべく》、政府始メテ可以強キナリ。……今日天下ヲ維持振起《いじしんき》スルノ道、唯《ただ》（A）ヲ立、而《しこう》シテ天下ノ公議ヲ張ルニ在ル而已《のみ》。其方法等ノ議ノ如《ごと》キ、臣等《しんら》必ラズ之ヲ茲《ここ》ニ言《い》ハズ。……臣等既《すで》ニ……弁論スル者ハ……天下ノ公論ヲ伸張シ、人民、通義権利ヲ立テ、天下ノ元気ヲ鼓舞《こぶ》シ、以《もっ》テ上下親近シ、君臣相愛シ、我帝国ヲ維持振起シ、幸福安全ヲ保護センコトヲ欲《ほっ》シテ也《なり》。

(1)〔史料〕の空欄（A）の語句を記入しなさい。

(2)〔史料〕の主張の最も基本的な論拠となっている思想について

（a）その思想の明治時代における一般的な呼びかたを記入しなさい。

（b）史料の中で、その思想を最も良く表している部分（一〇字以内）を記入しなさい。

（以下略）

（慶応大学・一九九五年、正解はA＝民撰議院、（a）＝天賦人権論、（b）＝「通義権利ヲ保護セシメ」あるいは「人民、通義権利ヲ立テ」）

まず、簡単にこの問題の時代状況を整理しておきます。一八七三年に明治新政府内で征《せい》韓《かん》論争が起こりました。朝鮮への出兵を前提とした使節派遣を主張する板垣退助《いたがきたいすけ》や西郷隆《さいごうたか》盛《もり》らと、それに反対する大久保利通《としみち》らとの論争です。結果的に板垣ら征韓派が敗れ、彼らは参議《さんぎ》（当時の明治政府の要職）を辞職して下野《げや》します。翌一八七四年に板垣退助や後藤象二郎《しょうじろう》たちが政府に提出したのが、問題に掲げられている史料「民撰議院設立建白書《みんせんぎいんせつりつけんぱくしょ》」です。これをきっかけとして、「民撰議院」つまり今で言う国会の開設を求める運動である自由民権運動が始まるのです。

それにしても、史料自体が少し読みにくいので、簡単に要約しておきます。

「現在、政治の実権がどこにあるかと考えると、天皇にあるのでも人民にあるのでもなく、『有司《ゆうし》』（ここでは、薩摩藩と長州藩出身者を中心とする藩閥政府のこと）が握っている。政治も情実で行われて、人民が苦しんでも救済の道すらない。これをどうやって打開するかといえば、それは、『天下の公議』を張るしかなく、そのためには『民撰議院』を開設するしかないのである。なぜならば、人民を開明の域に進めるには、まずその『通義権利』（今で言う『権利』のこと）を保護して、自尊自重させることが大切である。いま、『民撰議院』を開設すれば、政府と人民の間に情実が融通し、相共に一体となって、国は始めて強くなり、政府も始めて強くなることができる。今日において、天下を維持し発展させる道は、ただ『民撰議院』を開設して、『天下の公議』を張るしかない。その方法に関しては、私たちは今はここでは言わない。私たちがなぜこういうことを主張するかと言えば、それは、人民の『通義権利』を立て、天下の元気を鼓舞して、上の者も下の者も親近し、君臣相愛し、我が帝国を維持発展させ幸福と安全を保護したいからなのである」

さて、設問の（2）を考えてみましょう。この史料は大学入試の頻出史料なので、受験生にとってはなじみのある史料のはずです。ですから、一見簡単そうなのですが、じつは、「立憲主義」とは何かということが本質的に理解できていないと解答できない問題なのです。そこで、この問題を扱うときは、私は、そもそも近代の「立憲主義」とは何なのかという話から始めます。おそらく、単なる受験テクニックを求めているような安易な受験生からは、このやり方は評判悪いかもしれません。ですが、たとえこの問題で点が取れても、本質的な理解ができていないと他の問題では点が取れなくなります。そのことがわかっている学生ばかりであればいいのですが、実態はどうなのでしょうか？　ともかく、授業の進め方を紹介してみましょう。

まず、何も言わずに、いきなり黒板に次のように書きます。

「（　　）は、この憲法を尊重し擁護する義務を負ふ」

そして、「これは、今の日本国憲法第九九条の条文ですが、空欄に入る語句は何でしょうか？」と問います。そして、しばらく考えさせてから学生にあてて答えさせます。「たとえ正解であろうとなかろうと、前列の人全員に答えてもらいますので、今自分の頭に浮かんだことをそのまま言ってください」と言って、一〇人くらいにあてるのです。すると、ほぼ間違いなく全員、「国民」と答えます（あるいは「日本国民」「人民」という学生もいます）。とりあえず、ここではほとんどの学生が「国民」と答えることを確認しておきます。そして、次のように話を進めていきます。

近代憲法は、普通「人権宣言」と「統治機構」と呼ばれる部分から成り立っています。まず、「人権宣言」で、自由・平等といった基本的人権をかけがえのないものとして掲げておきます。次に、「統治機構」で、三権分立や議会制度・司法制度などを定めておきます。そうすることで、特定の権力者に強大な権力が集中するのを防ぎ、国民が代表者を通して自らの意志を政治に反映させることができるのです。つまり、近代憲法とは、国民の人権を守るために国家権力に対して歯止めをかけようとして作られたものなのです。ですから、アメリカ合衆国憲法では、大統領に対して「全力を尽して合衆国憲法を維持、保護、擁護することを厳粛に誓う」という宣誓を義務づけておりますし（第二条）、さらに、議員や行政官に対して憲法支持を義務づけてもいるのです（第六条）。そして、こういう考え方を「立憲主義」というのです。さて、このように考えてみますと、憲法を「尊重し擁護する義務」を負うのは、実は「権力者」であることがわかります。

そこで先ほどの問いに戻ってみましょう。空欄に入る語句は、「天皇または摂政及び国務大臣、国会議員、裁判官その他の公務員」で、ここには「国民」という言葉は含まれないのです。ところが、戦前の大日本帝国憲法は、その前文に当たる部分で、「臣民ハ此ノ憲法ニ対シ永遠ニ従順ノ義務ヲ負フベシ」と、臣民が憲法に対しておとなしく従わねばならないように述べています。近代的な「立憲主義」に基づいた憲法が、国民から権力者に対して提起されたものであるのに対し、大日本帝国憲法は、権力者（天皇）から国民（臣民）に対して示されたものなのです。ですから、先ほどの問いに「国民」と答えた人は、実は大日本帝国憲法の発想に立っていたのです。

このような立憲主義の思想は、イギリス、アメリカやフランスの市民革命の中で生み出されたものでして、「権利の保障が確保されず、権力分立が定められていないすべての社会は、憲法を持つものではない」（一七八九年のフランス人権宣言）という言葉に、近代立憲主義の意味が象徴的に示されています。つまり、①「基本的人権・自由の保障」→②「国家の権力乱用防止」→③「権力分立（三権分立）・議会制など」という具合いに、あらゆる政治制度の出発点を「基本的人権の尊重」に求めるという思想なのです。

さて、このようにして、近代立憲主義思想について概説したうえで、問題に戻ります。この「民撰議院設立建白書」では、「天下ノ公議ヲ張ル」「民撰議院ヲ立ル」といったことを求めています。確かに、建白書の起草者たちの意図には薩長藩閥政府の打倒という政治的な目的もありました。ですが、彼らの主張が説得力あるものとして全国的に広がっていったのは、その主張が近代立憲主義の思想に基づくものであったからにほかなりません。

そこで、建白書の主張を右に示した三段論法に当てはめてみると、「民撰議院」という政治制度の創設が③に当り、「天下ノ公議ヲ張ル」ことで「有司専制」に歯止めをかけるということが②に当たる、と考えられます。そして、設問で問われていることは、そうした主張の「最も基本的な論拠となっている思想」なのですから、それこそが、①「基本的人権の尊重」なのです。そこで、人権尊重を意味する部分を史料中から探せば良いのです。すると、「通義権利ヲ保護セシメ」あるいは「人民、通義権利ヲ立テ」という箇所が見つかります。つまり、人民の「通義権利」を保護するためには、「天下ノ公議ヲ張ル」必要があり、その制度的保障として「民撰議院」を設立する、という論理なのです。

このような筋道で考えますと、設問文にある「[史料二]の主張」が「民撰議院設立」なのですから、その「最も基本的な論拠」といえる思想は、人間の権利は国家といえども侵すことができない、というもので、「天賦《てんぷ》人権論」と当時呼ばれていた思想だということになります。ちなみに、当時、英語の「right」の訳語はまだ定着しておらず、「権利」「権理」「通義」「権義」などという訳が試みられていました（福沢諭吉は、しばしば「通義」

という訳語を用いていました)。

ところで、実際の授業では、以上のように展開するのが普通です。ですが、「立憲主義」の説明をしているときに、時間的余裕があれば、受験の現実からは離れますが、余談風に次のように展開していくこともあります。

この第九九条を「国民は、この憲法を尊重し擁護する義務を負ふ」と書かれてしまったらどういうことになるでしょうか。たとえば、日本国憲法第一条では「天皇は、日本国の象徴」となっています。「天皇」をどういう存在としてとらえるのかは、いろいろな考え方があって当然で、こう考えなければならない! というように特定の考えを強制することはできないはずです。しかし、国民に憲法尊重擁護義務があると明記されますと、天皇を象徴としては認めないという主張は、憲法違反を理由に封じられてしまう可能性すら出てきます。ところで、「日本国憲法はアメリカから押しつけられたものだ」という意見があります。確かに、日本人が自発的に作ったとは言い難いでしょう。ですが、今見たように、憲法尊重擁護義務が「臣民」から権力者に切り替わったのですから、「押しつけられた」としても、その相手は国民ではなく権力者側なのです。

❖この問題を通して教えられること

こういう発問をすることもあります。

「明治時代を勉強していて出てくる政党には、立憲改進党・立憲政友会・憲政会などのようになぜ『立憲』とか『憲』の文字が付くのが多いのでしょうか？」

その答えは、「立憲主義」を本質に立ち戻って学んでいくとおのずから見えてくるはずです。前近代と近代の非連続性を示す指標としてきわめて重要なものがこの「立憲主義」だと思います。歴史を学習するときには、たとえば、「冊封《さくほう》体制」「荘園公領制《しょうえんこうりょうせい》」「封建制」「立憲主義」のように、ある時代を勉強するときに欠かすことのできない重要な概念というものが必ずあります。ですが、そういった基礎概念をきちんと勉強しないで（というより、学校でも十分に教わらないで）、歴史がわかったかのように錯覚している学生が余りにも多いのが現実です。

日本国憲法第九九条の空欄補充問題からもわかるように、立憲主義についてほとんど理解されていないのが現実です。この空欄補充の問いは、私が大学で社会科教育法の講義を行うときにも学生に問い掛けていますが、状況は受験生と変わりません（一度、中学校の社会科の教師に尋ねたことがあるのですが、その時も「国民」と答えられてしまいました）。小学校以来、憲法については何度も勉強してきたはずです。ですから、学生たちに聞いてみますと、条文の知識は豊富ですし、前文を暗記させられたという学生も少なくありません。

ですが、第九九条の空欄に「国民」を入れるということは、そもそも何のために憲法があるのかという最も大切な出発点がわかっていない。そういう憲法学習を強いられてきたのでしょう。

つまり、「憲法知識」は身についていても「憲法感覚」が欠落しているのです。この空欄補充問題の答えとしては、「国家」とか「政府」というものなら、「憲法感覚」の点では正解とみなしていいと思います。この問題を通して、近代の重要な指標であるにもかかわらず小学校以来無視されてきた「立憲主義」の考え方、つまり「憲法感覚」を身につけてもらいたいのです。

この「立憲主義」＝「憲法感覚」の問題になぜ私がこだわるかという事情は次のようなことなのです。（以下は、私が『わが子は中学生』〈あゆみ出版〉一九九五年九月号で発表したものの一部に若干の言葉を補ったものです。元の文章は五年以上前に書いたものなのですが、学生たちの「憲法感覚」はいまだに欠落したままなので、あえて掲載しておきます。）

この憲法第九九条問題は、単に憲法教育・近代史教育のみの問題ではなく、今日の全ての日本国民が直面している問題でもあります。湾岸戦争以後さまざまな改憲論が噴出しています。一九九〇年代の半ば以降、すでにいくつかの改憲試案が世に問われていますが、それらの試案は共通して第九九条にも手が加えられているのです。以下に三つの事例を見てみましょう。

「この憲法は、日本国の最高法規であり、国民はこれを遵守しなければならない」(「読売新聞社改憲試案前文」一九九四年一一月三日、傍点竹内)。

「日本国の国民及び公務員は、この憲法を尊重し擁護する義務を負ふ」(小林節『憲法守って国滅ぶ』KKベストセラーズ一九九二年三月、傍点竹内)。

「すべての国民は、この憲法および法律を遵守する義務を負う」(西修『よくわかる平成憲法講座』TBSブリタニカ一九九五年二月、傍点竹内)。

憲法擁護義務を国民に課した理由を小林節氏はこう説明しています。

「一般国民といえども、それこそ、主権者・国民の一員としてこの憲法を制定または追認してこの国家において生活を営んでいる以上、いわば自らが作った約束を自らが守ることは理の当然で、明文規定のあるなしにかかわらず、一般国民も憲法尊重擁護義務を負ってはいるのである」(同書二一〇ページ)

しかし、私たち国民が憲法を擁護する義務を負うとはどういう意味なのでしょうか。例えば、統治機構を国民に守れと言われても現実的には何ら意味をなさないでしょう。あるいは、象徴天皇制(日本国憲法第一条)を認めない者は憲法違反とでもされてしまうのでしょうか。

むしろ私たち国民が意識せねばならないのは、憲法第一二条の、「この憲法が国民に保障する自由及び権利は、国民の不断の努力によって、これを保持しなければならない」という部分です。自由や権利は決して上から与えられたものではなく、私たち国民は、常に自分たちの責任においてそれらを保持・発展させていかねばなりません。そして、そういう努力と成果を妨げさせないように、権力者に対して憲法擁護を義務づけるのです。このように、第一二条と第九九条を統一的に理解することで、国民のために憲法を守り生かすことができるのです。

近年の改憲論に対する「護憲派」からの批判は、専ら第九条部分に対して向けられています。なぜ第九九条問題が大きく取り上げられないのでしょう。憲法学者の山内敏弘さんが『読売改憲試案』の「憲法擁護義務」について次のように言及しています。

「(読売試案について) 憲法研究者の間では黙殺しようという意見が少なくない。その理由の一つは、まともに論ずるにはその内容がお粗末に過ぎるということにある。……ただ、それにもかかわらず、あえて本稿でこれを批判することにしたのは、その時代逆行的な内容が必ずしも一般の市民の人たちに知れ渡っていないように思われるからである」(『軍縮問題資料』〈宇都宮軍縮研究所〉一九九五年三月)

しかし、第九九条の空欄補充問題に対し、ほとんどの学生が「国民」と答えたということとから思うに、そもそも「時代逆行的な内容」ということの意味自体が理解されていないのが現状ではないでしょうか。とするならば、事態は山内さんが危惧する以上に深刻なのであって、憲法学者や憲法教育に当たってきた教師たちはもっと憲法第九九条を正面から受け止めていかねばなりません。

私が日本の立憲主義の欠如を明確に実感したのは、自衛隊のペルシャ湾（一九九一年四月）とカンボジア（一九九二年九月）への派兵の時でした。確かに、第九条の規定にもかかわらず世界有数の軍事費大国にまでなったこと自体、立憲主義の欠如とも言えます。しかし、どう強弁しても現行憲法から海外派兵を説得的に合理化することはできません。従って、海外派兵によって、憲法が権力に歯止めをかけるという信頼は吹き飛んでしまった、というよりも、その従来からの希薄さが露骨に明らかになってしまったのです。その意味では、自衛隊の海外派兵を行えるように憲法「改正」をすべきであるという改憲論者たちの主張の方が、政府の強弁より論理的にはすっきりとしています。しかし、空欄に「国民」を入れてしまうといった意識のままで改憲を許したならば、いつまでたっても、憲法は時の政府によって都合よく利用されてしまうという危険の方が大きいのです。

「湾岸戦争は、平和教育がよりどころとしてきた憲法九条の『平和主義』の理想が国際政治の現実の中で破綻したことを示す衝撃的な事件であった」（藤岡信勝「平和教育再編の時」『読売新聞』一九九三年四月三〇日)。ここで指摘されている「『平和主義』の理想」とは何を指すのでしょうか。おそらく、次のような発想と通ずるものがあると思われます。「平和主義イコール非武装であり、わが国が武装を放棄し、平和を唱えていさえすれば、世界に平和が訪れるかのような幻想が一部にあった」(民社党と語る会提言―一九九二年一二月)。

憲法第九条には、「国権の発動たる戦争と、武力による威嚇又は武力の行使は、国際紛争を解決する手段としては、永久にこれを放棄する」と書かれています。この条文を丁寧に読むと、「国際紛争の解決」を放棄しているのではなく、その手段としての「武力」を放棄しているということがわかります。つまり、武力を用いない他のあらゆる手段によって「国際紛争を解決する」ことを宣言しているのです。ですから、決して「平和を唱えていさえすれば」などという生やさしいものではないのです。

先の小林節氏は、「(湾岸戦争に際してのわが国の対応の仕方は)まさに、『平和ボケ』の無責任以外の何ものでもない」と言い放ちます。私もこの意見には同感です。湾岸戦争の時どころか戦後五〇年にわたって、日本政府は憲法第九条で宣言したように、武力を用いないあらゆる手段を講じて世界の平和を維持していくために必死の努力をしてきたとはとても思えないからです。ところが、小林氏はこの先こう続けます。

「未だに、わが国では、わが国だけが軽武装（できれば非武装）になりさえすれば平和になる、とか、世界平和の維持については経済援助と文化交流と説得だけの貢献で十分である、などという非常識な主張が幅を利かせており、そして、それらの論拠として使われるものが憲法である」（小林節前掲書、二八〜四〇ページ）。

では、氏の言う「非常識な」平和維持の方策を、一体日本政府は今までどれほど真剣にやってきたというのでしょうか。「暴力主義者に対抗して正義を回復するには力の裏付けが必要である」ということを「真理」と断定する氏の論理にはとうてい首肯できません。

自由民権運動の理論家として徹底した自由・人権を主張してきた植木枝盛《うえきえもり》は、大日本帝国憲法が近代的な立憲主義の憲法でないことを嘆きながらも、次のように書いています。

「已《すで》に汝《なんじ》（＝憲法）の生まれたるを祝すれば、随《したが》って又《また》汝の成長するを祈らざるべからず」

どんなに問題のある憲法でも、また逆にすばらしい憲法でも、その後の運用のあり方によって人々を生かしも殺しもします。残念ながら、大日本帝国憲法のもとでは、植木枝盛の祈りはかないませんでしたが、この植木の言葉は今日においていっそうリアリティが増してきたと思います。

第Ⅳ章　「自由主義史観」を乗り越える歴史教育

自由主義史観派(?)生徒の登場

休憩時間などには講師控え室に学生が質問に来ます。授業内容や入試問題に関する質問や、勉強のやり方などの質問をしに来るのです。ですが、中には、質問というより「語り」に来る学生も少なくありません。全く勉強に関係ない世間話や雑談をしに来る者もいれば、進路の相談や大学に入ってからの学問研究の概略を知りたくて来る者などさまざまですし、政治・社会問題について議論したがる者もいます。

ところが、ここ三~四年、今まではなかったタイプの「語り」を持ってくる学生が現れています。近現代史の授業では、日本の侵略の実態について当然詳しく触れることになるのですが、従来だと、「なぜ日本はそのような侵略を行ったのですか」とか「授業で触れなかった侵略の事実には他にどのようなものがありますか」とか「今のぼくたちには何ができるのですか」といった、さらに知りたい、何かしたいといった積極的・前向きな「語り」を求めてくる学生が必ずいました。ですが、最近、必ず現れるのは、「従軍慰安婦は自発的にやっていたのですよ」とか「南京大虐殺はなかったというのが最新の研究だというのをご存じないのですか」とか「日本はアジア解放のために戦ったのですから『侵略』という言葉は間違いですよ」と、私を諭すかのような「議論」をふっかけにくる学生です。また、中には、「先生は一面的な勉強しかしてないようですので、これを読んで勉強してみてください」と言って渡部昇一氏の本を持ってきた学生もいました。

こういった新しいタイプの学生は最近毎年いるのですが、言うまでもなく、彼らの言っていることは小林よしのり氏や西尾幹二氏らのグループが言っていることをそのまま反芻《はんすう》しているだけに過ぎません。学問的に通用しないどころか入試にも役立たない「議論」なわけですから、適当に受け答えすればよいとも言えそうですが、こういったタイプの学生には私は可能なかぎり丁寧に対応しております。というのも、彼らと話をしてみて気づいたのですが、彼らは実に真摯で生真面目な学生たちでして、浅はかにしか物事を考えようとしない学生ではないのです。その彼らが、なぜ、かくも粗雑で乱暴な議論にからめとられてしまったのか。歴史教育に携わっている者として大変興味のあるテーマです。

もしかしたら、このテーマは、戦後の歴史教育・平和教育のあり方を根本的に洗い直してみる必要があるかもしれないほどの大きなテーマですので、少し遠回りになるのですが、最近の危ういナショナリズム指向の風潮を手がかりに考えてみたいと思います。

二〇〇二年度から使用される中学校教科書として、「新しい歴史教科書をつくる会」（西尾幹二会長、一九九七年結成）のメンバーによって書かれた歴史と公民の教科書が文科省の検定を合格しました（二〇〇〇年四月三日）。同会のメンバーやそれに連なる人たちによって書かれた著書はずいぶんありますが、中でも、マスコミをも賑わした歴史系の「ヒット作品」として、藤岡信勝・自由主義史観研究会著『教科書が教えない歴史』（産経新聞社、第一巻は一九九六年八月）、小林よしのり著『戦争論』（幻冬舎、一九九八年七月）、西尾幹二著『国民の歴史』（産経新聞社、一九九九年一〇月）の三種は「話題」を振り撒いた本としてよく知られています。いずれも、版を重ねており売れ行き良好のようですが、これらの著書の普及の背景には組織的な運動があるなどとも指摘されておりますし、またどれほどの刺激を読者に与えているかについて統計的調査があるわけでもありませんので、これらの出版物が人々の歴史意識に対して深刻な影響を及ぼしているかどうかは、今の段階では断定はできません。

ですが、にもかかわらずこの風潮は座視することのできない多くの問題を投げています。近年の石原慎太郎東京都知事の「三国人」発言（二〇〇〇年四月九日）や森喜郎元首相の「神の国」発言（二〇〇〇年五月一五日）に対してさまざまな方面からの批判が起こりました。ですが、そうした批判に対して彼らは「開き直る」姿勢をとったにもかかわらず、これらの発言に対して責任をとらざるを得なくなるほどの世論の反発は起きませんでした。また、先の三種の「歴史物」が、いずれも歴史を通して日本人としての誇りを回復するという目的で描かれており、その結果、彼らが「自虐的」であると判断した史実は斥《しりぞ》けるという「開き直り」の姿勢を貫いています。これらの事実をふまえますと、どうやら、ナショナリズムや歴史認識に関する危うい思考に対する「開き直り」が一般に受け入れられる、場合によっては支持される、そんな意識がかなり醸成されてきているのではと思われるのです。つまり、今のところそれらに対する積極的支持者は少数であったとしても、こうした危うい思考を受け入れる素地ができつつある、一定の説得力を持ちつつあるという点に注目しておく必要があると思うのです。

そこで、まずこれらの「歴史物」のどういう部分がなぜ説得力を持ちうるのかを西尾氏の『国民の歴史』を中心に検討してみます。次に、この問題を歴史教育の問題として引き受けたときに、今までの歴史教育のはらんでいた問題点は何で、また今後の歴史教育に望まれる課題は何なのかを提起してみたいと思います。

『国民の歴史』に対する批判は、「教科書に真実と自由を」連絡会編『徹底批判「国民の歴史」』(大月書店、二〇〇〇年五月)や永原慶二著『「自由主義史観」批判』(岩波ブックレット、二〇〇〇年四月)などで、歴史学者らによる検討が行われています。本章では、『国民の歴史』に描かれている個々の史実の歴史学的検討ではなく、歴史教育実践者としての経験を踏まえつつ実践的提起を含んで考察します。また、小林氏の『戦争論』に関しては、歴史認識の問題に加えて戦争・暴力の認識問題が重要になってくるので、ここでは取り上げないことにします（小林氏の『戦争論』については、「日本の平和教育実践の課題と展望」『教育学研究』第六七巻第一号〈二〇〇〇年三月〉に拙論を掲載しています）。

『国民の歴史』の〝魅力〟

『国民の歴史』が一定の説得力を持ち得ているとすれば、それは、同書の次のような歴史叙述の特色にその要因があると考えられます。①日本の独自性と優秀性の強調、②今日につながる歴史の連続性の強調、③歴史を動かす意思の力の強調、④科学に対する懐疑、⑤固定観念の打破。まず、この五項目について検討いたします。（なお、以下のページ数はいずれも『国民の歴史』のものです。）

①日本の独自性と優秀性の強調

この「独自性」「優秀性」と次項の「連続性」については、歴史学者の永原慶二さんも指摘している通りで、『国民の歴史』の大きな特徴と言えます。

七世紀後半から八世紀にかけて律令体制の受容と整備が進められましたが、その後の歴史の展開過程で律令体制は徐々に変質していきました。この点は、一般的な理解として問題はありませんが、その理由を同書では次のように説明しています。

律令体制成立期の日本人には「日本は中国とは違う」ということがわからず、「自国の文化の本当の独自性を、自らが否定してしまったことに気がつかなかった」と、いったんは批判的にとらえています。しかし、実は、その後の変質過程こそが「日本史の本来の姿であり、日本が中国とは一致しない所以《ゆえん》を明らかにしている」と言います。続けて、その「本来の姿」の回復が可能であったのは、中国文化を受け入れる以前に「独自の強力な文明があった」からだとして、「文字を持たぬまま過ごした長い沈黙の文明（縄文・弥生時代のことを指す——竹内注）の、積年のパワーが光であったがゆえにこそ、この列島には一千年を経て、固有の文明が復活」したと結論づけています（二七八〜二八一ページ）。

こうした理解の仕方で叙述を進めるとともに、「対中国・朝鮮認識の独善」（永原『「自由主義史観」批判』三二ページ）という手法を駆使しながら、日本の「独自性」と「優秀性」を示そうとします。

たとえば、朝鮮に関する認識の仕方を見てみますと、古代においては、日本のように「本来の姿」を回復できなかった朝鮮諸国に対する蔑視がその基調にあります。また、近現代においては、「朝鮮はなぜ眠りつづけたのか」（第二三章）という章タイトルにもうかがえるように、日本の対朝鮮内政介入・侵略の原因を、朝鮮（李朝）が「眠り続けた」ことにあるというように原因の一方的な転嫁が特徴的です。「中国（清）が自国の領土保全もままならない官僚的老廃国で、朝鮮はその属国にすぎなかった」ため、「朝鮮半島は北からの脅威のいわば吹き抜けの通路であった」としたうえで、にもかかわらず「(中国と朝鮮は)日本に理由なき優越感を示し、扱いにくい、面倒で、手に負えない存在」であり、「侮日感情を最初から抱いていた」とも言います(五〇八〜五〇九ページ)。

さらに、「私はいま日韓問題をどう考えているか」(第三二章)という章では、朝鮮(李朝)の苛酷な刑罰の事例を紹介したうえで、「私たちは類例のない悲劇の国に、うかつにも手をつっこんでしまったのである」と、近代の日朝・日韓関係はむしろ日本にとって不運であったと言います(七一一〜七一三ページ)。そして、朝鮮(李朝)は、「いくら努力しても説得することのできない世界、いくら言葉を尽くしても納得させられない論理や道理の外の界域」なのだから、一九一〇年の韓国併合も「必然」であり、「義務としてのパワーポリティクスへの関与」であるとします。ですから、日本は朝鮮に対して善意をもって接したとか善政を施したなどと言う必要はなく、「西洋人が顔色ひとつ変えずに異民族を抑圧する時の、あのしぶとさのようなもの」を持っていればよかったとまで言うのです(七一七〜七二〇ページ)。

この『国民の歴史』の中国・朝鮮認識は、福沢諭吉の「脱亜論」(一八八五年)の論理とよく似ています。「脱亜論」とは、欧米列強とともに日本も東アジアの分割競争に参加すべきであることを説く主張で、次のような内容のものです。

「然《しか》るに爰《ここ》に不幸なるは近隣に国あり。一を支那《しな》と云《い》ひ、一を朝鮮と云ふ」と言う福沢は、西洋諸国によって日本が「支那」「朝鮮」と同一視されることをおそれます。たとえば、「支那朝鮮の政府が古風の専制にして法律の恃《たの》む可《べ》きものあらざれば」、日本も同様に「無法律の国」かと疑われてしまう。あるいは、「朝鮮国に人を刑するの惨酷なるあれば」、日本人も同様に「無情なるか」と疑われてしまう。従って、こうした国が近隣にあることこそが、「我日本国の一大不幸」であると福沢は言います。そして、「其《その》支那朝鮮に接するの法も隣国なるが故《ゆえ》にとて特別の会釈《えしやく》には及ばず、正《まさ》に西洋人が之《これ》に接するの風《ふう》に従って処分す可きのみ」と言い、「我れは心に於《おい》て亜細亜《あじあ》東方の悪友を謝絶すべきものなり」と結論づけるのです。

以上のような、日本の独自性と優秀性を強調する『国民の歴史』の歴史解釈を象徴する主張が、「日本文化そのものがユーラシア大陸から独立した『栄光ある孤立』を守る正当な根拠をもっている一文明圏」(一三一ページ)というものです。いわゆる四大文明と並ぶ文明圏として日本を設定しているのです。

②今日につながる歴史の連続性の強調

「明治維新以降が江戸時代よりも前の長い歴史を負うことによって成立し、そしてまた、それが今日のわれわれを形成しているということが、歴史の連続性というきわめて貴重な意識につながっている」（二九ページ）。

この『国民の歴史』のモチーフともなっている「連続性」を考える手がかりとして、同書でとられている時代区分の仕方を見てみます。

歴史の時代区分の仕方は、永原慶二さんが指摘するように「長い歴史の過程の中で、政治・経済・社会・文化など歴史的社会を構成する基本的要素の構造的な関連に注目し、共通の特徴が認められる社会・期間を一つの『時代』とする」ものであって、「政治権力の性質、支配体制の在り方が大きく変わる画期を基準とする」のが学問的常識だと思われます（『「自由主義史観」批判』二九ページ）。ですが、『国民の歴史』での時代区分は、古代と近代の二分法です。縄文時代から戦国時代までを古代とし、織豊政権以降を近代とするのです。そして、「織田信長と豊臣秀吉による天下統一があり、徳川家康による体制の継承が行われて以来、あえていえば今日まで、社会の基本構造は連続性を保ち、根本的には壊れてはいない」（五三ページ）と言います。この余りに大雑把な区分は、同書が、社会構造的な歴史の緻密な分析に基づく構成・叙述になっていないからこそ設定できた二分法でしょう。

では、『国民の歴史』の「連続性」が、永原さんが言うような時代を構成する各要素の構造的連関性に着目したうえでの「連続性」でないのならば、一体何が「連続」するというのでしょうか。同書では、歴史を考えるときには、書かれた文字記録にだけ目をとらわれるのではなく、「沈黙の歴史（＝文字が伝来する以前の歴史―竹内注）の自己研鑽と自己蓄積の深く厚い生産的な母胎を考えなければならない」と言います。そして、古代史の一点を考えるときには、「二十世紀に至るまでの日本史の展開と、そこに示された日本人の意思を一つの証拠として、考察の要素に加えることができる」と言います（二〇ページ）。文字記録以外にも広く目を向けようという点はいいのですが、その文字記録以外のものとして立ち現れてきたものが「日本人の意思」という漠然としたものです。ここに、『国民の歴史』のもうひとつの重要なキー概念である、連綿と受け継がれてきた「意思」の問題が浮かび上がってきました。

③歴史を動かす意思の力の強調

律令はもちろん中国に由来するものですが、単にそのまま受け入れたものではなく、特に令《りょう》（現在の行政法・民法にあたる法）に関してはかなり日本風にアレンジしてあります。この点は教科書的な通説的理解でして、『国民の歴史』でもそういった理解を示してはいますが、その原因を次のように説明しています。

「縄文・弥生を含む一万数千年の森林と岩清水の文化風土は、無言のうちに受け入れうるものと受け入れられないものとの区別をし、選択していた」のだとして、日本と中国の社会構造や生産力の違いなどを踏まえて説明する仕方を斥《しりぞ》けています（二五七ページ）。つまり、日本の「文化風土」の中に、選択的に歴史を推し進めていく何者か（神的なもの？）の意思があるという、アニミズム的な理解になっています。これは、先述した「積年のパワー」が日本本来の姿を呼び戻したといった理解の仕方と共通するものでありまして、その結果、科学的な歴史研究の手法自体を斥けることにもなるのです（実際同書では、「社会科学者風」の歴史叙述・研究をいく度となく非難しています）。

しかし、歴史は人間が作りだすものですから、すべてをアニミズム的な意思の力で説明することはできません。そこで、『国民の歴史』の中でも、そうした人間の意思による時代の開拓についても語られてはいるのですが、そこに登場する人間とは、名も無き民衆ではなく英雄の姿です。英雄・豪傑・天才の意思が歴史を作り上げるといった理解が処々に散見するのです。

たとえば、先述した律令継受の仕方（中国の律令を日本風にアレンジすること）に関する部分で、アニミズム的理解（「一万数千年の森林と岩清水の文化風土」）に加えて次のような説明もなされています。

「朝廷に仕えていた一部官僚の層に主に代表される指導階級にだけ見られた、自尊と意地の表現と思われる」（一六ページ）

すなわち、有名・無名を問わず、国家の指導層と目される英雄たちの豪傑的な意地が、中国の律令に対する修正を可能としたという理解でして、ここでも社会構造分析的な理解は斥けられているのです。

また、豊臣秀吉の朝鮮侵略に関しても、秀吉を、「日本というこの国家そのものだけではなく、中華中心の華夷秩序をも弊履《へいり》のごとく捨て去ってしまう日本史上おそらく最初の、そして最後の未曾有の王権の主張者として立ち現われた」と位置付けます。さらに「モンゴルのチンギス・ハーンやフビライ・ハーン、スペイン王国のフィリップ二世と同じ意識において世界を見始めていた」と、世界の諸英雄と並べ、秀吉は「近代の入り口における『世界史』の創造者として立ち振る舞おうとしていた」と言います（三七一ページ）。そして、「軍事力によるヨーロッパの勢威の拡大」を「近代」の始まりとしたうえで、秀吉こそ「日本人の近代意識の最初にして最大の自己実現」と評するのです（三七六ページ）。

ここには、そもそも近代の指標自体がこれでいいのかという問題もあるのですが、それ以上に、秀吉の朝鮮侵略という事実を、秀吉という英雄の豪傑的な意思の力に還元することで、一方的に絶賛するという結論しか出てこないという歴史理解のトリックこそが問題でしょう。こうした理解の仕方では、必然的に、出兵の惨憺《さんたん》たる失敗についてすら、「動機そのものには一点の疑う余地もない」と、秀吉の意思の問題に還元することで正当化されてしまうのです（三八〇ページ）。そして、このように、歴史の展開を英雄の意思力に還元することで、動機の純粋性をもって事件を正当化するという手法は、最近の「自虐史観」批判に代表される「近現代史論争」のなかで、日本の侵略を正当化する際にさんざん行われてきたものでもあります。

歴史上の事件を個人の業績に特化することで、歴史を「英雄」が活躍する胸のすくような「お話」とするものでありまして、そこからは、時代背景（永原慶二さんの言う「政治・経済・社会・文化など歴史的社会を構成する基本的要素の構造的な関連」）が欠落してしまいます。すでに多くの論者によって、『国民の歴史』における社会構造的分析の欠落や、民衆の不在が指摘されていますが、歴史を英雄の意思として描いた結果なのです。

ところで、ここで、『教科書が教えない歴史』での日露戦争の描き方を見てみます。「敗軍の敵将に帯剣許した乃木の武士道」（第三巻、二三一ページ）では、日露戦争を乃木《のぎ》希典《まれすけ》という「武士道」を踏まえた英雄の活躍として描くことで「感動」を呼ぼうとしています。あるいは、「ルーズベルトに救われた日本」（第一巻、二三ページ）では、日露戦争のときアメリカが仲介した理由として、金子堅太郎との友情、ロシアの専制政治への嫌悪、日本の立憲政治への好感の三点を挙げることで、ルーズベルトという英雄の意思の問題に還元しています。

また、「地図好きが実現させた朝鮮の巨大ダム」（第一巻、一三三ページ）では、朝鮮北部での電源開発（一九二六年以降ダム建設、四一年水豊《すいほう》ダム完成）について、新興財閥日窒《にっちつ》コンツェルンの総帥野口遵《したがう》と土木技師久保田豊の心意気として描いています。この理解の仕方だと、日本の朝鮮侵略の実態と原因に関する科学的分析が斥《しりぞ》けられることになります。「実は朝鮮が日本の統治者、すなわち総督府のおかげをこうむった台所事情は、台湾が受けた条件よりもはるかに高いものであった」として、「財政的に持ち出しの方が必ず多かったに違いない」という『国民の歴史』（七〇七、七一九ページ）のように、支配を恩恵であると強弁する理解にも相通じます。

ですが、このような理解の仕方は決して真新しいものではありません。戦後の第三次日韓交渉（一九五三年一〇月）に際して日本側代表久保田貫一郎が言った「日本としても朝鮮の鉄道や港を造ったり、農地を造成したりしたし、大蔵省は、当時、多い年で二千万円も持ち出していた」という発言以来、脈々と受け継がれてきたもののようです。

④科学に対する懐疑

英雄の意思の力で歴史の展開を説明するという手法と表裏一体のこととして、歴史の科学的探求を拒絶する態度も『国民の歴史』に特徴的です。

歴史の科学的実証の精神を「視野の狭さ」として、「片々たる記録だけに頼る」のではなく「エネルギーと上昇への意思を確かめる」ことこそが歴史の理解において重要であるとしています（二一ページ）。そして、「歴史は科学ではない。地球上のどこにおいても妥当とする客観的な法則に貫かれているわけではない」と言います（この引用箇所の第一文と第二文には論理的必然性はありません。つまり、後者「地球上のどこにおいても妥当とする客観的な法則」を否定したからといって、前者「歴史の科学性」を否定することにはならないはずです。四一ページ）。

こうした同書の態度が、次の箇所に明瞭に述べられています。

「西洋の自然科学を基礎にしている事実の正確さ、歴史の客観性とはいったい何か？そういうものははたして成り立つのか？」と問いかけ、「広い意味で考えればすべての歴史は神話なのである」という奇妙な断定に行き着いています（一一九ページ）。

ですから、記紀神話に関する吉田孝さんの研究に対しても、「(天皇の支配を正当化するために) 神話を必要とし、天照大神からの血縁系譜に意図的に依存したといわんばかりの、いかにも社会科学者ふうの解釈」と斥けられることになります（二七九ページ）。あるいは、『魏志倭人伝』の史料的価値は全面的に否定し、その代わりに『古事記』『日本書紀』『万葉集』の史料的意義を無前提に高く持ち上げています。さらに、日本語の起源にしても、「もはや尋常の方法で探求することのできない問題」であり「歴史的由来をただすことがきわめて困難」であると言い、日本語の起源がいわば神格化されてしまうのです（一三一ページ）。

高校教員で歴史教育に精通されている目良誠二郎さんは、「歴史学における科学性・客観性の動揺」は、すでに一九七〇年代後半ころから始まっており、九〇年代にはこうした「主観主義的傾向」はさらに本格化したと指摘しております（「開かれたナショナル・アイデンティティの形成と社会科・歴史教育」『歴史学研究』第七一六号、一九九八年一〇月所収）。そして、「日本型歴史修正主義者」は「ときとしてご都合主義の実証主義を振り回すが、本質的には歴史の科学的・客観的な認識を求める実証とはまるで無縁である」という目良さんの指摘は、『国民の歴史』の場合にも当てはまると思われます。こうした動きが七〇年代後半から進行していたとすれば、実は『国民の歴史』が描くような歴史像を受け入れる意識は、すでに人々の根底において形成されていたと言えるのではないでしょうか。

⑤固定観念の打破

「ときとしてご都合主義の実証主義を振り回す」という目良さんの指摘通り、『国民の歴史』の各所に最新の研究成果が引用されてはいます。

「鎖国は本当にあったのか」(第一八章)という章は、大略次のようなものです。

〈「鎖国＝国を鎖《とざ》す」といったいかにも自閉的な理解は江戸時代の外交理解としては誤り。限られた国とではあるが貿易や外交関係は維持されており、出入国を厳密に管理統制した海禁政策がとられていた。そもそも「鎖国」という語は一九世紀初頭に用いられるようになった言葉である。〉

さて、ここまでの理解は決して真新しいものではありません。確かに、古い理解(研究者の理解ではなく、一般的な理解)では、「鎖国＝国を鎖す」といったイメージで捉えられていたでしょう。しかし、一九九三年の検定を受けた現行の高校日本史の教科書であれば、江戸時代の外交は「四つの口(長崎・対馬・薩摩・松前)」において開かれていたといった趣旨で叙述されています。

この点について、私が「近世初期の外交」として授業で展開していることを紹介する形で補足しておきます。この問題を授業するときに私が依拠しているのは、歴史学者の荒野泰典さんと山口啓二さんの研究です。江戸時代の外交というと、一六三九年にポルトガル船の来航が禁止された後、オランダと中国以外の国との交流はなくなり、だから日本は世界の進歩からとり残され、後進的な国になってしまった、と理解されがちです。たしかに、一六三五年に日本人の海外渡航と帰国が全面的に禁止されましたので、「鎖国＝国を鎖す」というのも必ずしも間違いとは言えないでしょう（実際、そのように主張する学者もいます）。ですが、実際は四つの窓口とでも言える場所で外に向かって開かれているのです。

第一に長崎口―ここは幕府が直轄支配をしておりましたので、長崎奉行が管轄しております。ここにはオランダ人と中国人の商人がやってきておりまして、貿易や文化の交流を行っておりました。

第二に対馬口―対馬藩の大名宗《そう》氏が朝鮮との関係を担当しており、対朝鮮貿易の担い手はこの宗氏でした。対馬の実質的な生産力は一万石程度なのですが、対馬藩は一〇万石と扱われております。これは朝鮮との貿易で得られた利益が加算されているのです。また、江戸時代を通して一二回、朝鮮通信使が来日して江戸までやって来ましたが、そうした日朝の外交関係も宗氏が担当しておりました。そして対馬藩を通して幕府は朝鮮や中国の情報も入手していたのです。

第三に薩摩口―対馬藩と同様に、薩摩藩の大名島津氏が琉球（言うまでもないでしょうが、一八七九年に沖縄県として日本領とされるまでは、琉球王国という「独立国」でした）との関係

〈板書例〉

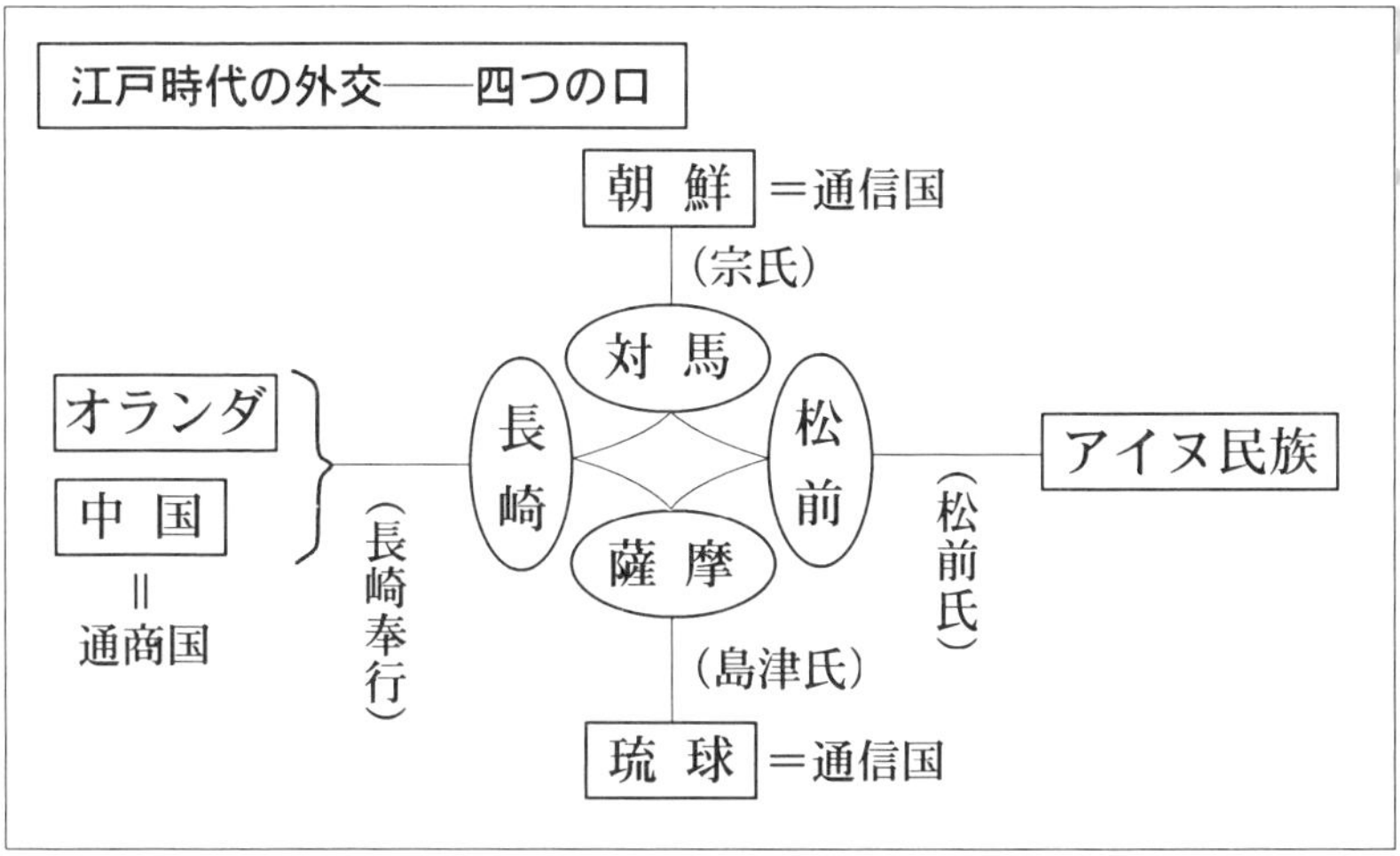

を担当しており、琉球貿易の担い手でもありました。琉球は中国に対して朝貢《ちょうこう》しておりましたので、薩摩藩は琉球が中国との朝貢貿易で入手した物品を上納させたり安く強制買い上げしたりしていたのです。また、琉球からは謝恩使《しゃおんし》とか慶賀使《けいがし》と呼ばれる使節が江戸までやってきましたが、そういった外交関係も島津氏が担当していました。

第四に松前口―今の北海道は一九世紀に一時幕府の直轄下に置かれたことがありましたが、基本的には、大名松前氏に蝦夷地《えぞち》の統治は委ねられておりました。松前氏は、和人《わじん》（アイヌ民族に対して、いわゆる「日本人」をさす呼び方）の居住地域を「和人地」としてアイヌの住む「蝦夷地」と切り離し、両地域の間には関所を設けてアイヌの和人地への立ち入りを厳しく取り締まりました（実際の授業では、このことが近代のアイヌ人差別の一因であることや、場所請負制と呼ばれるアイヌに対するきわめて苛酷な支配の実態について展開するのですが、ここでは省略します）。

アイヌと和人の間では取引も行われましたが、実態は松前氏の支配下でアイヌから厳しい収奪が行われていたのです。アイヌは農耕民族ではなく狩猟・漁撈《ぎょろう》を中心とするいわば海洋民族で、樺太《からふと》・千島《ちしま》やシベリアのアムール川（黒龍江《こくりゅうこう》）下流域など、船を用いて広く活動し交易を行っておりました。特に、当時中国で山丹人《さんたんじん》と呼ばれていた黒龍江下流域に住む人々との交易を通して中国の物産や高級織物などを得ておりましたが、松前氏や幕府はアイヌを通してそれらを手に入れていたのです。このようにまとめてみますと、江戸時代は決して閉鎖的な枠の中に閉じこもっていたわけではないことがわかるのです。

さて、話を戻しましょう。『国民の歴史』にも引用されている荒野泰典さんが、次のようなエピソードを紹介しています。

大学の講義で「鎖国」という語句の持つ古いイメージと実態の乖離《かいり》について扱うと、「十数年前にはその実態をはじめて知ったと驚く学生が多かったのに対して、最近では、予備校で聞いたこととほとんど同じで、良い復習になったと、皮肉な感想を述べる学生もいる」のだそうです（『徹底批判「国民の歴史」』一九一ページ）。

ですが、これは別に「皮肉な感想」ではありません。すでに一九九〇年代初頭から大学入試問題でも「四つの口」的な理解を踏まえた「鎖国」の出題がなされております。たしかに、教科書的には九〇年代初頭ですと、まだ必ずしも「通説的」考え方ではありませんでした。ですが、学問的には「四つの口」は通説的理解でしたし、入試でも出題されるのですから、先ほど示しましたように、予備校の授業では当然の教え方なのです。

つまり、最新の研究成果を踏まえた歴史の授業を受けた学生にとっては、『国民の歴史』の「鎖国」像は大して新鮮味はないはずです、そうではない学生（乱暴に言えば、十年一日のごとき歴史教育を受けてきた学生）にとっては、まさに固定観念を打破されたという新鮮な感動をもって読まれたのだろうと思います。

『国民の歴史』が読まれる今日的状況

では、次に、ここまでで見てきたような『国民の歴史』の危うい思考が、なぜ今日受け入れられやすくなったのでしょうか。その事情として「自信喪失と不安の今日的事情」と「従来の歴史イメージの貧困」の二点を挙げることができると思います。

❖自信喪失と不安の今日的事情

バブル崩壊と冷戦終結後の経済的・政治的な不安定、またそれゆえの先行き不透明感が世を覆っています。こうした九〇年代の状況に加え、従来人々の心の支えでもあった「会社」や「学校」がもはや拠《よ》り所になりにくくなってきました（リストラ、日本型雇用の動揺、いじめ・不登校、競争・学力信仰の動揺などなど）。さらに、予想だに、あるいは想像だにできなかったほどの制度や社会の激変。こうした現状において、『国民の歴史』の歴史理解は、確かに自信と安心の回復につながる魔力を持っているように思います。

先ほど分析した同書の構想は、「①日本の独自性と優秀性の強調＋②今日につながる歴史の連続性の強調＋③歴史を動かす意思の力の強調」となっていました。この加算式はこういうことです。

〈日本人は過去において、大国中国の文明にも左右されない確固たる力、独自の文明の力を示した。そして、その力は連綿として今日の我々にも受け継がれている。しかも、時代は必然的自然的に進行するのではなく、意思の力によって変えていくことができるのだ。〉

この三要素がすべて揃ったときに、今日の言い知れぬ自信喪失と不安を突破できる可能性への確信を抱くことができるのです。たとえ、その確信が幻想に過ぎないものであっても、他に方法が見出せない場合これにすがるしかないのでしょう。さらに、カルト宗教に自らの安心と救いを求めてしまうといった最近の風潮を見ましても、人々の意識の根底に潜む科学不信を指摘することができましょう。それは先の「④科学に対する懐疑」という同書の特徴とも符合するものでして、どうやら、神話的・アニミズム的な幻想が意外と説得力を持ち得ているのです。

しかも、先述したように、同書での「歴史を動かす意思」が名も無き民衆の意思ではなく、英雄の意思を意味するのであれば、現状を打破できる英雄の出現を望む心理をも刺激することになりましょう。お粗末な森元首相はさて置くとしても、豪傑的な力強さをも感じさせる石原都知事の出現は、そうした意味での必然性があったように思います。

❖従来の歴史イメージの貧困

戦前の歴史学者・喜田貞吉《きたさだきち》が次のような歴史教科書観を述べています。

〈歴史には、「科学的な学問的な歴史」「教科書に書かれる歴史」「講談などで語られる歴史」の三通りがあり、「科学的な学問としての歴史」と「教科書に書かれる歴史」は異なるものである。〉

今日では、「学問としての歴史」に基づいて「教科書に書かれる歴史」が叙述されているはずですが、執筆者の努力にもかかわらず、歴史教科書の無味乾燥さは否定できません。また、学校での歴史授業にしても、すぐれた工夫をする一部の実践者が存在することは十分承知しておりますが、にもかかわらず、一般的には知識の羅列型の歴史になっているようです（第Ⅱ章七七〜七八ページであげた四タイプを想起してください）。

この問題に対する危惧は、大学で歴史教育に当たっている研究者からも強く指摘されています。先ほどの荒野泰典さんは「高校までに教えられる日本史が、必ずしも子どもたちの興味をひきつけ、彼らにアイデンティティのよりどころを提供するようなものになっていない」と指摘されておりますし、義江彰夫さんも「教科書丸暗記を押しつけられるなかで、『自由主義史観』論者の言説のからくりを知らないままに、その歴史の方がずっと分かりやすくて面白い、という事態が生じかねない」(小森陽一・高橋哲哉編『ナショナル・ヒストリーを超えて』東大出版会、一九九八年、一〇三ページ)と言っております。

歴史イメージの多くが、学校での歴史教育とテレビ・映画・小説・漫画などのマスメディアを通して形成されるとすれば、喜田貞吉の言う「教科書に書かれる歴史」と「講談などで語られる歴史」とが今日においても重要な役割を果たしていることになります。ところが、学校で学ぶ「教科書に書かれる歴史」がおもしろくない知識羅列型歴史で、「講談などで語られる歴史」(今だとさすがに講談ではなく、テレビ・映画・小説・漫画ということになるでしょう)にしてもおもしろいですが現実離れした趣味的歴史です。これでは、いずれの歴史もリアリティのある歴史像を結びません。それに対して、『国民の歴史』の歴史像は、固定観念の打破というおもしろい斬新な(と錯覚させられてしまう)歴史理解を提起しており、同時に自信の回復につながる現実的な(と思わされてしまう)歴史理解を提供してくれる、という構成になっています。

では、こうした『国民の歴史』の甘い幻想を乗り越える歴史教育をどのように構築すればよいのでしょうか。ここまでの理解を踏まえて、望まれる歴史教育実践のあり方を提起してみたいと思います。

「科学的な歴史理解」とは何か

まず、遠回りになりそうですが、歴史学者で歴史教育にも積極的な発言をしてこられた遠山茂樹さんの歴史教育論を見てみます。遠山さんは、歴史教育が目指すものとして、生徒が「科学的な歴史観」を形成するうえで必要な「基礎的な知識の学習と基礎的な思考の訓練」を指摘します（『歴史学から歴史教育へ』岩崎書店、一九七八年、以下の引用もここから）。前者の「基礎的な知識」とは、「小・中・高校、それぞれの段階の歴史教育で、最小限学ぶ必要のある事項（年代、事件、人名など）」のことで、それらは「長い間の研究と実践の成果」でおのずからその範囲は決まってくると言います。一方、後者の「基礎的な思考」とは、「事項と事項の関連の認識」のことで、こうした認識の訓練を通して生徒各自の「歴史像作り」を進めていくものだと言います。

後者の「事項と事項の関連の認識」について、遠山さんは以下のように展開しています。

「事項をバラバラに理解したのでは、歴史の認識にはなりません。諸事項を関連づけて理解することが、歴史学習の中心であり、そしてこのことが生徒の理解にとって、もっとも困難な点です」と言います。さらに教えられる「諸事項」を選ぶ基準として、「学会の研究成果に依拠すること」と「教師が教育の現場で探しだすことのできる尺度」(これは、小・中・高校の各段階に応じて、子どもたちが最も理解しやすいような教材構成の仕方を意味します)の二点を挙げております。そして、この二点を「今日の歴史研究と教育研究との共有財産」と呼んでおります。

ところが、現実の歴史教育は遠山さんが言うようにはなっていない、と次のように続けています。

「知識の習得も、その事項かぎりの内容を丸暗記することでえられる能力ではありません。他の事項への関連に方向づけられた知識の内容でなければなりません。○×式の入試に鍛えられた大学生の学力は、年代や事件・人名の知識はかなりあるように一見思われます。しかし諸事項を関連づけ歴史像を構成する力は、意外なほど弱いのです。彼らの知識は、思考の力として生きたものではない。その内容が豆辞典的に羅列していて、関連がなく、基本的と副次的との識別もありません」

さて、この遠山さんの嘆きを、本書でこれまでに私が記してきたことと照らし合わせて考えてみます。予備校講師がやりそうな「受験テクニック伝授型」や「ドリル暗記型」の歴史授業が遠山さんからの批判に該当するのは当然です。ですが、先に私が挙げた学校で行われているつまらない授業の四タイプ（七七〜七八ページ）も該当します。「事項の羅列」「テクニック伝授型やドリル暗記型」の学校の授業は論外ですが、「専門的過ぎる授業」や「教師の不勉強」も、遠山さんの言う「今日の歴史研究と教育研究との共有財産」を踏まえていないという点で、同様に批判されるべきでしょう。

他方、私の授業実践例としてこれまでに紹介してきたものをお読みいただければ、遠山さんの言う「事項の関連性」にかなりこだわっているということはお分りいただけると思います。これを、私自身「ロジカル日本史」と宣伝調に命名しているのですが、第Ⅱ章冒頭に掲げた学生の授業アンケートのことば（三七ページ）も、こうした「事項の関連性」を理解できたことへの「感動」だったはずです。

そして、関連を構造的につかむような授業を構成する基準として「今日の歴史研究と教育研究との共有財産」を遠山さんは挙げておりました。つまり「学会の研究成果（この場合の「学会」とは歴史学会と教育学会の両方を含み込んでも良いかと思います―竹内注）に依拠すること」ということなのですが、第Ⅱ章で、私が授業構成をするときには学会の研究動向を常にフォローするように心がけていると述べました（六四〜七五ページ）。私が予備校教師をやりはじめた頃に学生から言われた「学校の授業みたいで面白くない」という評価を何とかして乗り越えようと思って作り上げていった授業とその努力が、期せずして遠山さんの歴史教育論と符合していたようです。そして、その結果が学生に「感動」を与えるような授業になり得ていたのであれば、遠山さんの論の妥当性をこの限りで実証したことにもなるでしょうし、同時に、なぜ学校でやれないのですか？　という挑発的な問題提起にもなり得るかと思います。

さて、話を本題の「科学的な歴史理解」に戻します。

遠山さんの言う「基礎的な知識」＝「最小限学ぶ必要のある事項」と「基礎的な思考」＝「事項と事項の関連の認識」は別々のものではありません。諸事項の関連性をどう教えていくかを構想していくときに、主要なものと副次的なものに整理しつつ「最小限学ぶ必要のある事項」を絞り込んでいくのですから、後者が前者を規定していると言ってもよいかと思います。そして、その時に「学会の研究成果に依拠すること」を重要な基準として諸事項の関連性と、教えるべき基礎的な知識を確定していくことになります。

こういった歴史の授業を、歴史学の成果に基づいて科学的な歴史理解を培っていく授業としますと、これはまさに、西尾氏の『国民の歴史』がしきりに斥《しりぞ》けようとしてきたものです。遠山さんの言う「諸事項の関連性」を、永原慶二さんは「政治・経済・社会・文化など歴史的社会を構成する基本的要素の構造的な関連」と少し具体的に言っています。このことを私流に言えば、歴史を科学的に思考するということは、ある時代を構成する各要素の連関性と時代相互の連関性を解析しながら認識するといった思考方法（「ロジカル日本史」の方法）であるということなのです。『国民の歴史』がやっているような、前近代から近現代の日本像における共通性、つまり、前近代から近現代に至るまで「日本」という何か知らぬ巨大なものが私たちの血肉の中に連綿として受け継がれているといった壮大な虚構を作り上げるのではなく、前近代の時代認識の方法と近現代理解の方法論的な共通性を示すことで、歴史学習を、単なる化石的な過去の史実の羅列といった無意味さから解放する展望が開けてくるのです。この最後の点が少しわかりにくいかと思いますので、私の実践例に即して考えてみます。

「文化史は丸暗記」ではない

大学受験生にとって「文化史」の学習は厄介なようです。何が厄介かといいますと、「文化史」と言えば、仏像や寺院の名前や人物と作品名を覚えるという、無味乾燥な暗記事項が延々と羅列されるものだという点です。たしかに、「文化史」と銘打っている参考書や問題集などを見ますと、膨大な人名と作品名の羅列です。駿台予備学校のカリキュラムでは、「文化史」は夏季講習会と冬季講習会で扱うことになっており、通常授業（一学期と二学期の授業）では飛ばすことになっております。他の予備校でも「文化史」だけは通常授業とは切り離して講習会で別途扱うことにしているところも珍しくはないようです。もしかしたら、こうしたカリキュラム構成が、学生たちに「文化史」は丸暗記だという誤解を招いているのかもしれません。

私が「文化史」の講座をやるときには、まず各文化を生み出した時代背景（政治・外交・経済の三領域に分けてポイントを整理します）をまとめて、次に、こうした時代背景があったからこういう文化現象が生み出されたのだということを示します。こうした各時代ごとの「文化史概略」をまとめたうえで、続いて、仏教史・美術史・文学史などと個別のテーマに入っていきます。いわば、総論をやって各論をやるというスタイルで、各論の方では、たしかに入試で点を取るために必要な暗記事項の羅列的な部分が出てきます。ですが、総論で、学生がこれまで勉強してきた各時代の政治・外交・経済史の理解を踏まえて文化史の全体像を大まかに捉えるといった整理をしておりますので、各論の暗記にしても無意味な丸暗記は極力排除できるように構成しております。具体例として、室町文化についての取り扱い方を紹介いたします。

❖室町文化と足利幕府の関係

一四世紀に、中国宋朝型の専制君主を目指した人物が二人おりました。一人は後醍醐《ごだいご》天皇で、もう一人が室町幕府第三代将軍足利義満《あしかがよしみつ》です。足利義満は、征夷大将軍という武官の頂点のみならず太政《だいじょう》大臣という文官の頂点をもきわめ、さらに出家することで俗界をも超える立場に立って自らを法皇《ほうおう》（天皇が譲位したとき上皇《じょうこう》と呼ばれ、上皇が出家したとき法皇と呼ばれ、天皇をも上回る権威を持つこともある）に擬することで名実共に天皇の権限を吸収していきました。そして、中国の明《みん》に朝貢して明の皇帝から「日本国王」の称号を得ることで対外的・国際的にも日本を代表する最高権力者としての地位を固めていきました。さらに、自分の子ども足利義嗣《よしつぐ》に皇位を譲らせることでそれまでの天皇家を断絶させ、足利家が皇位を継ぐという構想の実現へ向けて着々と準備を進めていきました。

さて、ここまでは通常の室町時代の政治史学習で扱うところです。ところで、当時、外交文書の作成や外交儀礼・手続きに精通しているのは、高度な漢学の能力を持つ公家の学者か僧侶でした。ですから、義満が公家とは別個に外交権を行使しようとすれば、僧侶を外交担当者として迎え入れるしかありません。そのとき、鎌倉時代以来幕府の保護を受けていた臨済《りんざい》宗（禅宗の一派）五山《ござん》派の禅僧たちが用いられることになりました。一三世紀後半に南宋が滅び、一四世紀末には元が滅びますが、そうした中国の動乱期に多くの禅僧が日本にやって来ました（今で言う亡命のような形だったようです）。そうした名僧とその弟子たちが集《つど》っていた五山は、幕府の保護のもとですぐれた漢文学（五山文学）を生み出しましたし、五山版という出版活動も盛んに行っておりました。

こうした政治・外交上の出来事を背景に、また、禅の質素な気風が武士に好まれたということもあって、室町文化の基調をなす禅文化が発達することになります。たとえば、水墨画・枯山水《かれさんすい》・書院造《しょいんづくり》といった美術も禅僧によって展開されましたし、禅の気風は茶道（侘《わ》び茶）・華道に象徴されるような日本風の美意識も生み出しました。こうして、伝統的な公家文化と禅宗文化を吸収した独自の武家文化が誕生するのです。

さらに、鎌倉時代以来農業はその生産性を向上させてきましたが、それにともない商工業も著しい発達を示していました。こうした生産力の発達は、日宋・日明貿易や日朝貿易をいっそう活発なものとするのですが、同時に中国との貿易で輸入された中国銭（宋銭・明銭）は貨幣経済の発達を促し、その結果流通を、さらに生産を活性化するという相互作用を生み出し、中世の経済は目覚ましく発展していきました。こうした経済成長を背景として成長した農民は室町時代初期には惣村《そうそん》という自治的な村を形成するまでになり、彼らや商工民といった民衆が新たな文化の担い手としても台頭することになりました。また、市《いち》や寺社の門前のように人々が集《つど》う所には、各地を遍歴してきた漂白芸能民がやってきて、猿楽《さるがく》・田楽《でんがく》といった芸能を披露し伝えておりました。こうした民衆の娯楽の中から生まれた文化として、連歌《れんが》・茶道・能や御伽草子《おとぎぞうし》が発達するのも室町文化の重要な特徴です。

こうして、「政治・経済・社会・文化など歴史的社会を構成する基本的要素の構造的関連」（永原）を室町文化の学習を通して構成しているのですが、こうした学習を各時代ごとに展開していくことで、実は、これらの諸要素が構造的に連関する中で現代の私たちも生きていることに気づかせることができます。そして、こうした「事項の関連性」を見つけていくという思考方法を身につけることができれば、自らと自らの生きる時代を客観的に見つめていく契機をも示すことができることでしょう。

「国家」を相対化する

十五年戦争期を通して平和を説き続け戦争否定の教育を実践した教育者に、恵泉女学園創立者の河井道という人物がおりました。河井は他者理解の方法として次のような面白い主張をしています。それは、相手の〝strange（奇妙さ）〟に対して〝curiosity（好奇心）〟を抱くのではなく、〝interesting（魅き付けられるところ）〟に対して〝appreciate（価値を認める）〟するといった理解の仕方です。そして、こうした他者理解を可能とする河井の思考の根底には、自国日本を相対化して捉え直す国際的視点と、国家と個人を予定調和的に捉えるのではなく両者の対立の契機を持ち続けたうえであくまで個人に視点を置くことの二点がありました。

このことを踏まえますと、『国民の歴史』は、中国・朝鮮の〝strange〟に対しては〝curiosity〟どころか執拗なまでの嫌悪と排斥を繰り返す一方で、日本の独自性と優秀性を専ら宣伝し英雄（＝国家指導者）の視点に立っています。つまり、河井の思考とは逆に、自国を絶対化する非国際的視点と、国家的価値に圧倒的に力点を置くというものです。

そこで、次に国家を相対化する視点、すなわち国家というものが歴史的存在であって普遍的絶対的なものではないということを示すような私の授業を紹介します。ちなみに、以下の事例はいずれも固定観念の打破もあわせて行うというものでもあります。

❖東アジア全体から日本列島を考える

縄文時代の学生のイメージを聞いてみると、非常に閉鎖的です。何の技術も文化も持っていない野蛮な縄文人が日本列島の中で細々と獲物を追い求めてさまよい歩いている、という感じです。授業では次のようにして縄文時代を教えています。

縄文時代に関して受験で必要な知識を板書していくわけですが、その中には、縄文の遺跡からしばしば発見される「丸木舟」があります。ここで黒板を書くのを止めて、この丸木舟について補足説明をします。まず、丸木舟の意味（使い道）を考えさせるために、神《こう》津《づ》島から産出されるはずの黒曜石《こくようせき》が遠く八丈島の遺跡からも発見されるという事実を示し、丸木舟を用いて神津島の住民と八丈島の住民が交流していたことを指摘します。

次いで、東アジアの地図を見せて、中国南部沿岸から、台湾、沖縄を含む南西諸島、九州、対馬、朝鮮半島が一本の帯で結ばれたようになっていることに気づかせ、それらの地域の遺跡・文化・風習の同質性を指摘して「東シナ海文明交流圏」という考え方があることを紹介します。

さらに、中国大陸沿岸（沿海州）、朝鮮半島東海岸と日本列島の日本海側は、日本海を大きな湖と見なせば対岸であることに気づかせ、大陸・半島沿岸地方と列島沿岸地方の文化的同質性を指摘して話して「環日本海文化圏」という考え方を紹介します。こうして、日本列島を東アジア全体の中に位置付けることで、縄文人が丸木舟を用いて意外と広範囲な活動・交流をしていたことを指摘します。

こうすることで、現在の「日本国」の概念が、原始から古代においては成り立ち得ないことに気づかせるのです。ちなみに、こうした視点は入試でも必要なものでもあります。たとえば、一九九二年の大学入試センター試験に次のような問題が出題されています。

次のア〜ウの説明文は、古代の対外交渉に関わる場所について述べたものである。それぞれの説明文に該当する地名の組合せとして正しいものを、下の一〜六のうちから一つ選べ。
ア・イ略
ウ　この地には、古くから日本海の要港があり、奈良時代から平安時代にかけて、渤海《ぼっかい》との交流の表玄関となって、松原客館（客院）という使者を接待する施設もあった。

（大学入試センター試験・一九九二年）

この選択肢ウにある「渤海」とは、中国東北地方から朝鮮半島北部にかけて勢力を持っていた国で、八世紀から一〇世紀にかけて存在していました。日本との間でもそれぞれ使節を派遣しあい交流していた国です。この渤海使が来訪する港が問題にあるとおり日本海側の松原客院（現在の福井県敦賀付近）なのですから、古代の北陸は大陸の先進文化が流入する窓口だったのです。ですから、縄文時代のところで「環日本海文化圏」について触れたときにはこの入試問題と教科書の地図を示して、なぜこういった問題が出題され、また教科書にこのような地図が載っているのかという点にも触れることにしています。

❖倭寇《わこう》は海賊か？

東アジア全体の中に日本を置くことで国家・国民の概念を相対化できる教材としては、中世の倭寇もおもしろいと思います。学生が持っている倭寇イメージは、いまだに海賊の域を脱していません。ですが、歴史学者の村井章介さんや網野善彦さんの研究を踏まえれば、倭寇・海民が国家や国境のわくにとらわれない自由な民だったということに気づかせることができ、これらの学習を通して固定観念的な国家像を十分相対化できるはずです。もっとも、この「海民」の概念は今のところ入試に直結するテーマにはなり得ていませんので、私の授業では、最近の研究にこういう見解があるんだよ、と余談的に話すだけにとどめています。

網野善彦さんの研究は国家・自国の相対化を視野に入れた実践の組み立てに大いに参考になるもので、私自身の古代末期から中世史の授業構想は網野さんの研究に大きく依拠しています。対外的活動の点においても、国内の階層移動の点においても中世社会はきわめて流動性が高いと私は理解しています。『国民の歴史』が中世についてほとんど触れていないのは、こういうところに理由があるのではないでしょうか。網野さんに関して、『国民の歴史』では、「最近は島国のこのような文化の純粋性を否定すべく、古代から海を渡って多種多様な人間の集団が各方面から来訪した諸事実をしきりに強調する歴史家がいる」として「部分をわざと拡大し、誇張して全体のように言う議論はやめてもらいたい」と言って批判しています（一二七〜一二八ページ）。しかし、この網野批判の箇所で引用されているのは『朝日新聞』夕刊の記事に過ぎません。網野さんの膨大な研究書・一般書の存在を考えると、『国民の歴史』の構想において網野さんの研究が大きな妨げとなるからではないでしょうか。

❖「大化の改新」と東アジアの情勢

少し話が脱線しますが、学生たちの一面的な固定観念を打破する話題としては、大化の改新も面白い素材かと思います。学生たちの蘇我氏に対するイメージはかなり一面的でして、野心家の蘇我《そが》氏が専制的な独裁政治を行って政治を我がもののようにしたため、中《なかの》大兄《おおえ》らによって懲《こ》らしめられたというものです。この蘇我氏イメージは、中大兄＝天智天皇の業績を称揚するために蘇我氏を必要以上に悪者視した皇国史観的理解の名残でありま

〈板書例〉

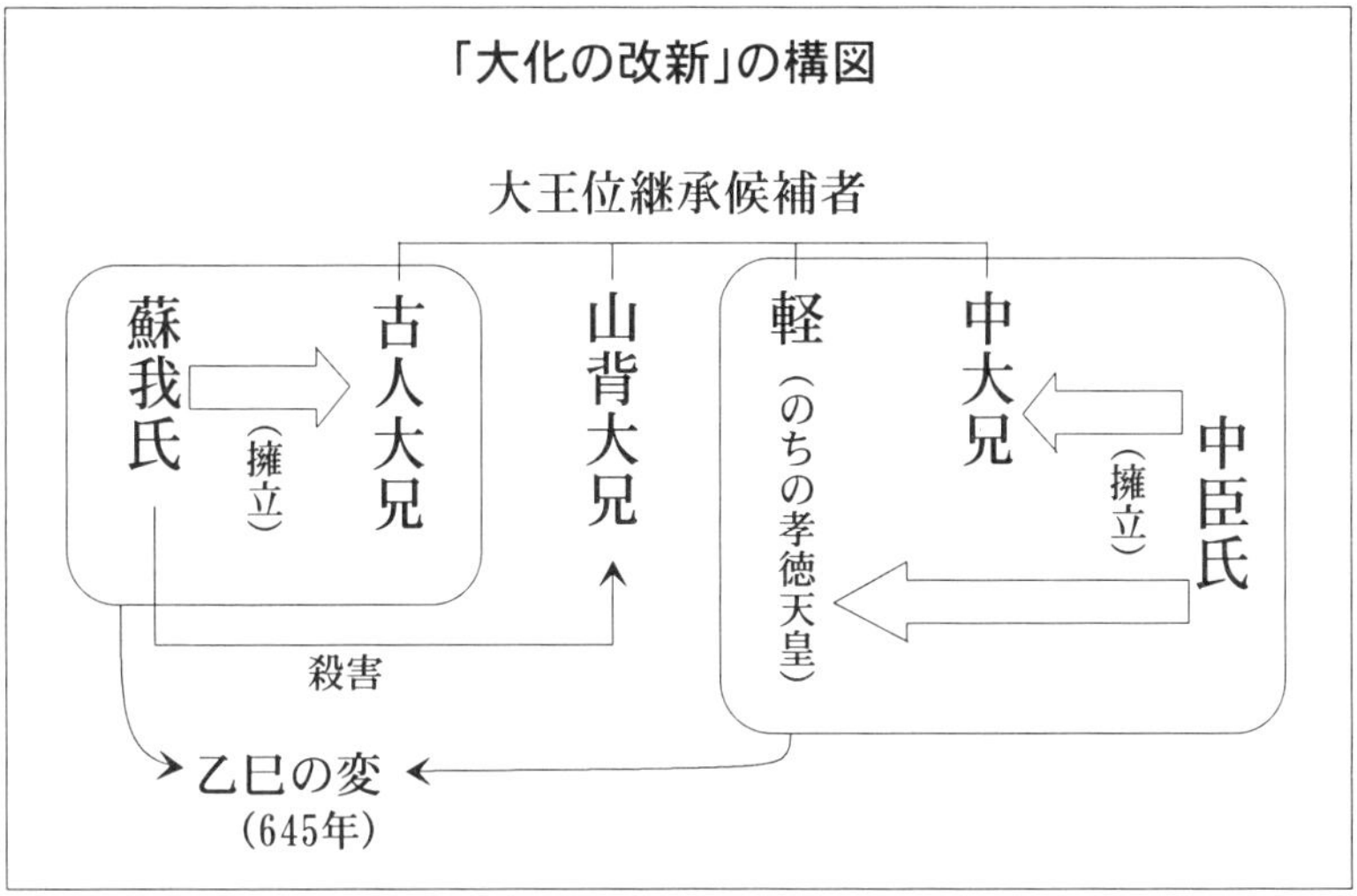

しょう。そこで、私が大化の改新（六四五年、蘇我氏が中大兄と中臣鎌足《なかとみのかまたり》らによって討たれる有名な政変は乙巳《いっし》の政変と呼びます）を扱うときには、歴史学者の遠山美都男さんや吉田孝さんの研究に依拠して、まず、大和政権内での大王位継承争い（中大兄、軽《かる》、山背大兄《やましろのおおえ》、古人大兄《ふるひとのおおえ》）における蘇我氏と中臣氏の抗争を板書しながら説明します。

次に、六〇八年の遣隋使《けんずいし》にともなわれて中国に渡った留学生たちの帰国を挙げます。受験知識としては基本的な高向玄理《たかむこのくろまろ》（六四〇年に帰国）、僧旻《みん》（六三二年に帰国）、南淵請安《みなみぶちのしょうあん》（六四〇年に帰国）の三人はいずれも隋の滅亡と唐《とう》の建国（六一八年）という激動を中国で目のあたりにしているだけに、彼らの豊富な知識と経験は改新を断行するうえで欠かせません。

そして最後に、六四〇年代の朝鮮半島情勢についても触れます。当時、百済《くだら》・高句麗《こうくり》・新羅《しらぎ》三国でクーデターが発生し、さらに百済と新羅、高句麗と新羅が交戦状態となり、そこに唐の軍事介入が行われたという史実を示します。そして、朝鮮半島が戦時体制だったのですから、当時の大和政権指導層にとってはいわば世界大戦とも言えるような大変な状況であり、いずれにしても権力の集中・強化を図らざるを得なかった事態であったことを指摘します。このように視点をズームアップすることで、乙巳の政変・大化の改新を客観的に捉えることが可能となり、従って悪い蘇我氏が懲らしめられたといった固定観念的理解が払拭されるはずなのです。

民衆・地域に学ぶ

英雄の歴史を克服し、自らを歴史をつくる主体として学ぶためには、民衆や地域の歴史から学びとることも大切な視点です。これは、国家を相対化する視点の形成とも重なるテーマでもありましょうが、残念ながら、この点については、大学入試に直結する予備校の授業ではなかなか扱いにくいところです。

ここでは、『教科書が教えない歴史』で取り上げられている事例について言及しておきます。同シリーズでは、しばしば「勇気と友情」物語風の感動話が取り上げられていますが、ここで描かれている「勇気」には、大きく二種類あります。一つは、軍人魂や武士道を称賛するといったもので、もう一つは、人道的な勇気です。このうち後者については、平和教育において重要な教材となり得るものが多いのも事実です。

たとえば、「大震災後、朝鮮人を守った警察署長」（第一巻、一二六ページ）では、鶴見警察署長大川常吉の「朝鮮人であろうと、日本人であろうと、人の命に変わりはありません」という言葉が紹介されています。あるいは、「台湾で『神様』になった警察官」（第三巻、二五五ページ）では、台湾で巡査を務めていた森川清二郎が、生活に苦しむ台湾人の減税を求めて台湾総督府に嘆願したところ、森川は懲戒免職にされてしまったという話が紹介されています。

同書で取り上げられている「感動話」は、もっぱら、署長とか警察官といった国家側に立つ人物の行為ですので、国家指導者層からの恩恵に対して「感動」させたいのだろうかと勘繰りたくもなります。関東大震災の時の「感動話」であれば、埼玉県の名も無き一農民が、東京から逃げてきた朝鮮人をかくまったというエピソードもあり、私が授業で触れるとすればこのエピソードの方です。むしろこちらの方が、少しの勇気さえあれば誰にでもこうした人道的行動ができるのだということを生徒たちに考えさせることができるように思います。もちろん、こうした個人の存在をもって、虐殺や植民地支配が正当化されるわけではないということを前提とせねばなりませんが、教材として丁寧に扱う価値はあると思います。

大川や森川の行為がなぜ「感動的」かと言えば、それは、彼らの行為が国家・国益を越えた人道的行動だったからであり、だからこそ普遍的な感動を呼ぶと理解されます。言い換えれば、彼らの行為は直観的で素朴な人権感覚の表れであり、これこそが近代人権思想の原点でもあるはずです。こうした彼らの存在は、一方で人間への信頼回復にも、また国家・国益を越える視点の獲得にもつながります。そして同時に、彼らとは異なる行為（たとえば、虐殺への加担）をとった多くの人々の問題性やそうした時代状況をよりリアルに浮かび上がらせることも可能となりましょう。また、こうした「感動」が地域の歴史の中から教材化できるようであれば、さらに自分自身の問題へと考察を広げていくことも可能です。

『国民の歴史』の克服へ向けて

先に挙げたように、何人かの歴史学者も指摘しておりましたが、高校までの歴史教育に克服すべき問題がありました。そして、従来の歴史イメージの多くが、学校で学ぶおもしろくない知識羅列型歴史と、テレビ・映画・小説・漫画などから得られる、おもしろいが現実離れした趣味的歴史から作られていたということも確認しました（一七一〜一七二ページ)。こういうリアリティのない貧困な歴史像に対して、『国民の歴史』の歴史像は、固定観念の打破というおもしろい斬新な(と錯覚させられてしまう)歴史理解を提起しており、同時に自信の回復につながる現実的な(と思わされてしまう)歴史理解を提供してくれる、という構成になっていました。ですが、その結果出てくるものが、日本を絶対化し国家的価値を優位に置くという何とも時代錯誤的な後向きな視点でした。

そこで、この双方ともに克服し得る歴史教育の方向性として、「〈科学的な歴史理解〉とは何か」「〈国家〉を相対化する」「民衆・地域から学ぶ」の三点を挙げました。そして、最初の「科学的な歴史理解」を育てる授業の方針として、「同時代の各要素と時代相互の論理的関係の解析」(遠山茂樹さんの言う「諸事項の関連性」の理解)と歴史学の成果に依拠したやり方での「固定観念の打破」の二点を提起しました。

ところで、予備校教師をやっているといろいろな学生と出会います。予備校の歴史授業を受けて「感動」する学生は後を断ちません。ところが、彼らは、高校までにはそういった歴史のダイナミズムに触れたことが無かったようです。また一方では、西尾氏や小林氏にひかれてしまう学生もいますが、彼らは、閉塞的な現代社会に対して敏感で、真剣かつ生真面目にその打開策を求めています。ところが、その彼らを納得させたのは、彼らが高校までで学んだ歴史ではなく、独善的で後ろ向きの歴史なのです。

予備校で「平和集会」

予備校の授業は受験のための授業です。ならば、学生たちは受験で点を取ることにしか興味がないのでしょうか。「教養講座」風のイベントには目もくれないのでしょうか。そうでもなさそうな事例を一つ紹介しておきます。

一九九六年九月一四日、駿台予備学校で「駿台特別講演―日本近現代史・論文入試対策『琉球・沖縄―その歴史的現在―現代的視点からの出題に取り組む』」と題する講演会が開催されました。六人の予備校講師がそれぞれの視点から「沖縄」を語るというもので、この日は土曜日にもかかわらず（予備校は本来土曜日は授業ありません）、五五〇人の受験生が参加しました。午後一時の開始予定でしたが、開場二時間前には予定していた大教室の定員を越えたため、急きょ第二会場を設定するというほどでした。途中何回か休憩をはさみましたが、夜八時の終了時間まで、途中退席者も少なく、学生の関心の高さをうかがわせるものでした。

「琉球・沖縄史」は近年の大学入試で出題が増えているテーマの一つ、受験勉強としても避けることはできません。予備校講師の中には、沖縄を考えることで受験生たちに、日本人とは、ナショナリズムとは、といった問いを投げかけて現代に対する先鋭な問題意識を喚起する授業を試みている人もあるようです。ですが、予備校講師は元来ばらばらで、複数の講師が一つの教室で受験生たちに語るという場はまずありません。そこで、実験的な試みとして、日本史科と論文科の講師有志が共同で今回の講演会を企画したのでした。た正規の授業ではないため、予備校側からの報酬は出ませんが、にもかかわらず、運営にあたり、った講師たちはプライヴェートな時間を割いてまで準備にあたり、先述のような学生の反応を引き出したのです。

次に、各講師の演題の一部を掲げておきます。一人一時間強の講演でした。

「マイノリティの視点から考える『沖縄』」（「単一民族」幻想・「国家」幻想について、「自由主義史観」問題について）

「近現代の琉球・沖縄とその歴史的視点」（琉球王国を日本領に組み込んだ「琉球処分」から、沖縄戦・米軍占領・本土復帰に至る歴史について）

「沖縄からの問いに答える」（本土人の沖縄認識について――無知・同情・自己の尺度での論評等に対する批判）

「土地収用のための特別立法とその法的構造」（法律上の諸問題について）

参加学生のアンケート結果は次の通りです。

「この特別講演に参加した動機は何ですか（複数回答可）」――一般教養充実のため（七二

％)、講演内容で選んだ（六六％)、講演する講師で選んだ（四二％)、講師のすすめ（三九％)、受験知識充実のため（三七％)

「講演の満足度について」―大変満足（四六％)、満足（四二％)、普通（一二％)、不満（三％)、大変不満（〇％)

今回の講演で語った講師の中には、いわゆる「人気講師」もいました。にもかかわらず、「講師で選んだ」とする回答が半分に満たず、それ以上に「沖縄」というテーマ・内容自体にひかれてきた学生が多いようです。また、予備校生を対象とした講演ですので、「受験知識の充実」を狙ってきた学生も少なくありません。ですが、もし彼らが単なる「受験テクニック」的なものを求めていたのであれば、九割近い学生が「満足」を感じたという結果にはならなかったでしょう。つまり、彼らは受験勉強を進めつつも、受験以外の事柄への関心を失ってはいない。あるいは、受験勉強のみでは満たされない問題意識を持った受験生も少なくないということです。それは、アンケートの自由記述欄の次の言葉からもうかがえます。

「受験生も、もう暗記だけの勉強だけではもの足りなくなっている。これだけの思想を持った先生方が何人もいて、こういう講演をやることで学生に問題意識を持たせることができるのは、今のところ予備校しかないのだと思う。これだけの人数が、何かを求めて集まってきたということの意味について考えさせられた」

また、講演会に参加したことで自らの関心・視野を広げた学生もいました。

「教科書や高校の授業では一面しか見ることのできなかった歴史を、深層から多面的に見ることができた。最初は受験のためにという気持ちだったが、もっと日本を、いや世界を知りたいという考えが生まれた」

「浪人するまでこんな問題があると知らなかったのは非常にこわいと思った。もっと本当の事実を伝える教育をしなくてはダメだ」

「受験」「浪人」という言葉はしばしば教育上マイナスの意味で語られてきました。ですが、受験勉強に追われ、浪人生活を送っている彼らに対して適切な刺激を行えば、社会や平和の問題へと目を開かせることも可能なのです。

次の学生のように、新たに学んだことを行動へと発展させることの大切さに気づいたものもいます。

「自分は今までこの社会の何を見て、何を考えてきたのかなと思う。自分がこれからの社会を作っていく世代として何をするべきか。この講演が終わってほんの数時間前の自分とは違う自分がいると自覚できる」

「沖縄を通して自分の考えを深めればいいくらいにしか考えていなかったが、そのあと自分がどう行動するか、という厳しい態度を持たないと意味がない、ということを教えられた」

そして、「自己の表現」への渇望を訴える学生もいました。

「生徒による講演会をやってみたい。他人がどんなことをいうのか聞いてみたいし、自分も他人に訴えたいことがたくさんある」

予備校の通常授業で学んだことの延長線上に講演会を位置付けることが可能であったことを示す感想もあります。この可能性を生かせるか否かは、講師の側にかかっているのでしょう。

「普段の授業で先生がおっしゃった『沖縄は百年前までは独立国だった』ということばに、目からウロコが落ちた気がした。その歴史的事実すら頭のすみになかった自分が今の沖縄問題を考えても、ただ時事問題を、流行を追うように考えているにすぎないのではないのか、という思いがある一方で、琉球王国から現在までの琉球・沖縄史というものを学びたい、日本が一独立国を踏み潰してきた歴史を学びたいという思いもあった。そんな時にこの講演会が開かれたことに感謝したい」

ところが、講演会で貴重な経験を得たものの、それをこの先どうつなげていけばよいか、戸惑いを表明する感想もありました。

「今まで何も考えずに、部活を友達と一緒に楽しくやってきた。そこでの友達とは今でも仲良くやっている。でも、こういう話題を一緒に交わすことができるだろうか」

「組織のもつこわさみたいなものをわかりつつも、組織化していかねば結局対抗できないという悲しさ。個人と個人の共同性はどこにあるのでしょう」

現状ではまずいということはわかったが、ではどうすればよいのか。そうした迷いを率直に表している次の言葉はしっかりと受けとめねばなりません。

「『とりあえず知らなきゃ』ということで来たのだけれど、聞いてどうするのか、単なる自己満足で終わるのではないか、と思ってこわくなった。私にはもっと興味あるものがいっぱいあり、沖縄のことばかり考えているわけにはいかない。中途半端な知識をマスコミがいいかげんに流すから、私たちは何か知ってるような気になって、誰からも期待されないような同情とか、上っ面だけの反対運動とかが起こる。沖縄の人たちは私たちのことを実は冷めた目で見ているんじゃないだろうか」

おそらくここが予備校教育の限界でしょう。元来大教室での講義形式で進められる予備校の授業では、教壇に立つ講師がさまざまな言葉を投げかけて学生の問題意識を刺激することができます。そして、それを受けとめて新たな興味・関心を持つ学生は多いのですが、「自己表現」という課題の達成は、大教室中心の予備校では困難です。

学生アンケートを読んで気づくことは、今までの彼らが受けてきた教育の中では、その「刺激」すら十分ではなかったという事実です。受験生は、社会問題・平和問題から最も遠い位置にいるように見えますが、実態はそうとは言いきれないということをこの講演会は示しているのではないでしょうか。

（注）ここで紹介したイベントには私は関わってはおりませんでした。中心となって運営にあたっていた講師の方から講演の録音テープや学生アンケートなどの資料を提供してもらいまとめたものです。ちなみに、この翌年一九九七年には、「自由主義史観」問題を手がかりに「国家と個人」をテーマとした講演会・学生討論会を開催しましたが、なにぶん講師有志の自発的なイベントだけに、残念ながら九八年以降は行われていません。この辺も予備校の限界なのかもしれません。

終章　教育改革のなかの予備校

申し上げるまでもなく、近年の教育改革は驚くべきスピードで進められております。この流れ、特に高等学校と大学のあり方や大学入試の改革の流れからは、予備校教師といえども自由ではありません。そこで、現在進みつつある大学入試改革の出発点とも言える、中央教育審議会（中教審）答申「初等中等教育と高等教育との接続の改善について」（一九九九年一二月一六日、以下では「本答申」と呼ぶことにします。また特に断りのない限り引用は本答申からです）を、大学受験指導現場の視点から読み解いてみます。

少子化の流れの中で、まもなく大学全入時代を迎えます。大学審議会は、大学合格定員と志願者数が二〇〇九年には一致すると試算しています。つまり、「大学受験は既に必ずしも『過度の競争』ではなくなっている」のです。そして、大学志願者数の量的拡大に加え、八〇年代以降推進されてきた高校教育の多様化政策の結果、「これまで以上に多様な能力、履修歴等を有する学生が大学に進学してくる」ことが予想されます。そこで、高校の多様性と大学の多様性の間の「円滑な『接続』をいかに図るか」が問題となるというのが本答申の背景です。その方策として、学力試験偏重ではなく、「能力・適性や意欲・関心などを多角的に評価するため、選抜方法の多様化、評価尺度の多元化に一層努めることが必要」であり、「多様な選抜基準の導入」が急がれると本答申は結論づけています。

現実問題として、大学入試の多様化はすでに九〇年頃から進んでいました。面接・小論文やいわゆる一芸入試の導入、同一学部の複数回受験や地方受験の設定など、一昔前の大学入試と比べると、今の入試はずいぶんと複雑でわかりにくいものになっています。また、高校カリキュラムの多様化に合わせ、大学入試センター試験は九七年度から一挙に科目数を三一科目に増やしました。

さらに、入試多様化の原因としては、受験者数の減少という事態に直面した大学側が、「いかに多数の受験生を引き付けるか。そのための一つのストラテジーとして、戦略的な手段として、入試が使われている」という点も指摘されています（天野郁夫『教育改革のゆくえ』第五章、東京大学出版会、一九九五年）。その結果、受験生を確保するために受験科目の削減が行われたりもするのです。この点については、本答申でも「受験生確保の観点から」の科目削減を戒めてはいますが、「ゆとり」の観点からの削減はむしろ奨励しておりますので、受験科目削減は避けられないようになっています。

大学と予備校で今後何が起こるか

本書ではこれまでに、ノートが取れないという問題や予備校のレジャーランド化などを紹介しながら、「旧学力」（知識・理解）が失われるとともに、「新学力」（関心・意欲・態度）すら育っていないということを指摘してきました。これらは、受験指導に携わってきた経験に基づく現状認識でしたが、決して私だけが感じているのではありません。長年予備校で教鞭をとってきた講師たちは、「問題を解くことに対する粘り強さが失われてきた」(理科講師)、「説明はいらないから正解だけ言ってくれという要求が出始めた」(国語科講師)と言います。

こうした大学受験生が、一年後には大学生となります。その大学には、一体何が望まれているのでしょうか。本答申では、大学では「教養教育を重視することによって、学生に幅広く深い教養」を醸成するものとしています。ですが同時に、中学・高校に対しては、生徒の「興味・関心、能力・適性の多様化」に応じた「選択による学習」を奨励しています。こうした選択的学習を行い、多様化したカリキュラムを受けてきた学生に「幅広く深い教養」を培い、なおかつ、大学卒業時には「社会の要請に応える人材としての質を確保」することが求められているのです。本答申では、そのために補習の徹底を大学側に求めているのですが、学年で言えば高校三年生あるいは大学一年生にあたる受験生の学力の現状を見てきた予備校教師の経験からすれば、大学側の負担は恐るべきものになるのではないだろうかと思います。果たして、それを可能とする現実的基盤が大学側にあるのでしょうか。

近年の大学受験生の「新・旧学力」動揺の解決は、大学と受験生を指導する予備校に委ねられる結果になりそうです。私がそう危惧するのは、文部省政策課長（当時）の寺脇研さんと教育学者の苅谷剛彦さんの以下の対談によります（寺脇研・苅谷剛彦「子供の学力は低下しているか」『論座』一九九九年一〇月号所収）。

文部省政策課長・寺脇研さんの構想

寺脇さんは、「瞬間的な学力」（例えば、中二の時の学力といったもの）は低下するかもしれないが、社会に出るときの「最終的についている学力」は変わらないようにすると言います。そのためには、「小中学校の時はスロースタートでいいから少しずつやって、高校、大学はペースを上げる」というやり方が必要で、「小中学校でゆったりしていたほうが、高校、大学で死にもの狂いで勉強してもらえるはずで、トータルでは決着がつく話だと思います」と言います。

また、「入試科目として問題を出すときに、ミニマムで出さなきゃいけないのですか、青天井で出していいんでしょうか」という苅谷さんの問いに対して、寺脇さんは「大学入試は、高校の教育が多様化してきますから、高校の指導要領の範囲でいいのかどうか。例えば、ある大学の考古学の教室に入りたいなら、高校程度のことじゃだめで、もっとハイレベルの考古学の本を一冊呼んでないと解けない問題を出してもいいんじゃないかと思う」

と答えています。総理大臣諮問機関の教育改革国民会議が発表した最終報告「教育を変える一七の提言」（二〇〇〇年一二月二二日）の中に「大学入試を多様化する」とありますが、この「多様化」というのは、大学側が必要と判断すれば、指導要領を無視した出題すら可能という意味での「多様化」も含みそうです。

以上の寺脇さんの発言からは、次のような事態が容易に想像できます。

大学卒業生に「トータルな学力」がついているようにするためには、従来の高校で学習する内容の指導をも含めて、大学の全教官が必死の教育努力をするしかありません。ですが、大学教官が困難と負担を軽減するために（実際には、「大学の水準を維持するため」という名目になるのでしょうが）、入試問題のレベルを現行通り維持したらどうなるでしょうか（しかも、それは寺脇さんも認めています）。

小中学校をのんびりと過ごしてきた高校生は、高校三年間で、寺脇さんの言う通り必死の勉強（それも、現行の入試問題から推測すれば、恐るべき詰込みになるでしょう）をするしかありません。ですが、基礎学力が不確かな大学受験生の現状を踏まえると、しかも、「学習内容の三割減」という新学習指導要領に基づく教育を受けてきた大学受験生ならばなおのこと、受験勉強の負担は重くなります。現行レベルの入試問題を解く力が高校の学習で身につけば問題ありません。しかし、これまでに私が本書で示した諸事例を思い起してください。現行の高校までの教育を受けてきた大学受験生の現状ですらこのようなものなのですから、今以上に受験生は高校の授業だけでは足りず、予備校への依存を強めざるを得なくなるでしょう。

ところで、寺脇さんの発言のなかに気になる箇所があります。それは、「中学校の選択教科は、学習指導要領より上のことを教えられますよね。そこまでやった子は次のことができるようにしますよということ。指導要領は全員に共通して教えるミニマム（最低基準）だということです」という部分です。この「指導要領はミニマム」という発言に対しては、苅谷さんも「学習指導要領の考え方としては、非常にドラスティックな変化じゃないですか」と驚いています。この対談は九九年夏のものですが、二年後にも寺脇さんは「これまでは指導要領を超えて教えることはできなかった。今度の指導要領では余力のある子はどんどん先にいく」といっそう明確に言っています（『朝日新聞』二〇〇一年四月四日付）。また、この「指導要領は最低基準」という考えは、教育改革国民会議の会合でも相次いだそうですし（『内外教育』二〇〇一年四月六日付）、文部科学省事務次官も同様の発言をしています（二〇〇一年四月九日の記者会見）。

私がこの問題を気にするのは、単に予備校の負担が重くなるというだけではありません。このまま進めば、遠からず「学校の予備校化」が進むのではないかと予想されるからです。

その理由は以下の通りです。

学校が予備校化する!?

大学の入試問題も高校の授業内容も指導要領を超えることが許されるのですから、有名大学が高度な問題水準を維持するならば、有名進学校（あるいは有名進学校になろうとする高校）では予備校がやりそうなことを必死になってやり出すでしょう。つまり、この文科省の方針のおかげで、大学も高校もエリート校と非エリート校の二極分化と受験競争の激化がいっそう進むということです。特に、町村信孝文科大臣（当時）が、大学への一七歳入学の措置を「将来、（大学入学年齢を）完全に自由化することへ向けた第一歩」と言いましたが（二〇〇一年一月二五日の記者会見）、これはたとえ大臣の個人的意見だとしても、文科省内でこうした議論が現実に行われているということでしょうから、エリート進学校を目指す競争はますます激化しそうです。

また、近年の学校選択の自由化は、学校に自由競争原理を取り入れることで学校教育を活性化するという狙いですが、それは、受験競争に勝利できる学校を目指す学校間競争に行き着きはしないでしょうか。さらに、「指導力不足教員」の克服を掲げるという形で進行する教員の人事管理と教員評価制度の導入もあわせて考えますと、学校内で、受験指導がうまく、それゆえに生徒から人気のある教師とそうでない教師との格差・競争が始まることもあり得るのではないでしょうか。

このように考えてみることで描かれた学校像・教師像は、実に、現在の予備校像・予備校講師像にかなり近づくようには思われないでしょうか。少子化時代の中でどの予備校も学生獲得に必死です。大学全入時代に予備校が生き延びるためには現役生（高校生）を獲得するともに、高校の授業では追いつけないような入試問題を出題する大学（つまり、寺脇さんも認めているような指導要領の枠を超えて出題する大学）に対応できるエリート向けの授業を行うしかないのです。

しかも、最近ではどの予備校でも、単に教科内容を教えられるだけの講師ではなく、生徒集め（集客）のノウハウを身につけている講師、つまり営業能力のある講師が求められています。これからの予備校講師は「営業」と「教育」の両方の能力を兼ね備えている者しか生き残れなくなりそうです。私のように「教育」には関心があっても、「営業」能力のない予備校教師は時代遅れになりつつあります。もし、今後少なからぬ高校が予備校化していくのであれば、予備校講師と同じように、営業能力のある教師でなければ評価されなくなるのでしょうか。すでに外部から経営能力のある者を校長にしたり、教員免許の弾力化なども進んでいます。経営的視点で教育を語ることの弊害は昔から言われておりましたが、「学校の予備校化」という方向でその弊害が公立学校をも巻き込んで拡大するというのを私は危惧するのです。

競争の緩和か拡大か

大学全入時代が間もなくやってきます。合格倍率も年々下がっています（一一一～一一二ページ）。競争に追い立てられなくとも、どこかの大学には入れるようになったため、競争が必ずしも学習の動機付けにはならなくなってきました。もちろん、偏差値を上げることに囚われている受験生はまだまだおりますし、構造的に「受験競争」が存在するのも事実です。ですが、かなりのスピードで競争の魅力が失われつつあります。このことは、私たち予備校教師にとっては厄介なことで、伝家の宝刀ともいえる「そんなことでは大学に受からないぞ」といった「脅し文句」が使いにくくなってきているのです。

ですが、これは学校教育にとっては一つの希望でもあります。私は、大学での教職課程の講義で学生にこう話します。

「競争が必ずしも学習の動機付けになりにくくなったこれからの時代は、皆さんが経験した勉強や授業のあり方が通用しなくなるでしょう。これは、授業に対する工夫や努力を怠る教師には辛いものですが、逆に、新たな試みにチャレンジしようとする教師にとっては、今までにない可能性が開けてくるチャンスなのです」

いささか大げさに教員志望の学生を励ます言葉ではありますが、あながちあり得ないことではないと思います。

ところが、こうした競争の緩和が進んでいるにもかかわらず、文科省の政策は、ことさらに大学入試のための勉強を苛酷なものにして新たな「競争」を作り出し、のみならず学校間・教師間のさらなる「競争」を拡大するようなものです。

すぐにできる「教育改革」案

さて、ここまで論じてきたことを踏まえて、すぐにでもできる次のような策を、予備校教師の立場から提案してみたいと思います。
①大学入試問題の検討――悪問・愚問を出題する大学に関して、大学名を挙げながら具体的に批判するとともに、良問のあり方を提言すべきです。本書でも多少試みてみました。私たち予備校教師は大学の入試問題を熟知しています。入試制度改革はともかく、入試問題改革に対してならば、私たちの力を発揮できると思います。
②入試の情報開示――もちろん入試情報は厳しく管理されねばなりませんが、入試終了後に出題意図と正解・採点基準を公表することに何らかの差し障りがあるとは思われませ

ん。本答申でも、「選抜基準に透明性を持たせることは不可欠であり、それが受験者に明確に示されていなければならない」と言っており、「選抜方法の自己点検・評価」「結果の公表」「学外者による検証」といった一連の提言がなされています。現在の大学入試問題の現状は、およそ専門家でも答えられないようなクイズ的な問題、大学教官の不勉強に起因する出題ミス、教科書や専門書の文章をそのまま引用した横着で不誠実な出題が続出しています。こうした出題は、入試の情報開示で大幅に改善されるはずです。

③学力低下の実態調査――本書では、予備校教師としての経験と現場感覚で学力低下を語ってきましたが、これを本当に客観的で正確な議論へと昇華させるためにも実態調査は欠かせません。本答申でも、学力の実態について「総合的な調査を行なう必要がある」と提言されていますし、文科省も二〇〇一年度予算で三億円以上をかけて全国的な学力調査の実施を組みました。さらに、二〇〇〇年八月の日本教育学会大会でも、部分的な学力調査や大学教員の意識調査といった実証性のあいまいなデータをもって学力を論ずることの危険性を指摘する議論が行われています。

④授業作りの共同研究――生徒に高校の学習内容を理解させるという点に関しては、高校教師と予備校教師は共通の土俵の上に立っているはずです。この点はすでに論じ尽くしましたが、相互の授業公開と相互批判を含んだ建設的な検討会の実施ならば、「開かれた

学校作り」の文脈で考えても問題ないと思います。

⑤生徒による教師評価の実施――わたしたち予備校教師は常に学生から評価されており、そのため、「感動」させる「分かりやすい」授業を工夫せざるを得ません。子どもたちの「教育を受ける権利」を保障するという視点から生徒による評価制を導入するのであれば、その結果に基づいた授業検討は、まさに生徒の視点に立った意義あるものになるはずです。

これはもはや真新しい試みではなく、高知県や東京都の一部の公立小・中学校ですでに取り組まれています。また、「分かりやすく教えているか」「後ろまで声が届いていたか」といった観点で児童に「先生を採点する通信簿」を作らせているというある小学校の教師を高く評価している父母の投書もあり、授業改善の上で効果的なようです（『朝日新聞』二〇〇〇年一〇月三日付）。さらに、生徒による評価のヴァリエーションとして、静岡県立静岡中央高校では生徒が教師を選択できるような試みも行われています（『日本教育新聞』二〇〇〇年一一月二日付）。これらは、予備校ではすでに当たり前のことなのです。

⑥反面教師としての予備校――④と⑤は、しかしながら、弊害を伴う可能性もあります。先に申しましたように、「学校の予備校化」が今後進みそうですが、その時、予備校に存在する愚劣な授業――つまり、「テクニック伝授型」や「ドリル暗記型」の授業やもっぱらパフォーマンスに走るような授業を参考にされたのではたまったものではないのです。

ですから、予備校の悪しき側面を反面教師としながらも、その一方に確実に存在する良質な予備校教師との接点を作り上げていくわけにはいかないのでしょうか。学校の教師が予備校の現実に接することで予備校の、あるいは予備校講師の実態を知り、予備校の授業に対する要求を出していただくようなことが可能となれば、いずれは予備校の愚劣な授業を淘汰するという効果ももたらすはずです。

これで、予備校教師である私から学校教育に対して投げ掛けられる問題提起はすべて出そろいました。予備校から学べるもの、学んではいけないもの、それらのすべてを提示しました。

「私学の風を公立へ」（堀尾輝久）という言葉がありますが、ならば、私の思いは「予備校の風を公教育へ」ということです。今後、「学校の予備校化」が進むとすれば、受け止めることで学校の真の活性化につながる風と、逆に教育を破壊し子どもたちを追い詰めることになる風があります。その二つの風をどう見分けるのか、そして、前者を活用し、後者を寄せつけないようにするにはどうすればよいのか。本書では予備校教師の視点でそれらを語ってきました。

予備校を吹き飛ばすほどの風が学校から吹いてくる日を待っています。

あとがき

私が予備校について書こうと思ったきっかけを作ってくれた本があります。これまで本文でも何度か引用した、教育学者の佐伯胖《さえきゆたか》さんがお書きになった『子どもが熱くなるもう一つの教室―塾と予備校の学びの実態』(岩波書店、一九九七年六月)というものです。同書執筆の動機について、佐伯さんは「あとがき」でこう述べています。

「『受験勉強のどこが弊害でどういうユガミなのか』とあらためて問われると、あまりすっきりした議論が出てこない。弊害を叫んでいた教育学者も一斉に口ごもってしまう。ところが教育学者たちが返答に窮している一方で、当の受験生たちはみんな明るく元気だ。……そこで、良いとか悪いとかという価値判断をいったん棚上げにして、ともかく、塾や予備校では何が起こっているのかを教育を語る人はちゃんと見る必要があると思った」

しばしば教育をゆがめる元凶として論じられてきた塾や予備校について、教育学者がその実態に迫る本格的な本がついに出たか、と一気に読みました。ですが、同書で描かれていた「実態」は、陳腐でステレオタイプ的な塾・予備校像でした。

佐伯さんは予備校授業の特質を「人間の人工知能化」であると指摘しています。それは、「『こういうパターンの問題は、こういう手順で考える』という思考法を暗記させて、練習させて、『反射的にできるようにする』」という、「手続き主義」「やり方暗記主義」です。そして、「こういう訓練を受けた受験生は、入試に臨んで、問題を見た瞬間に、『あのパターンだ』という認識と、『あの解法の適用だ』という解法の手続きの想起だけで、正解が出せるハズだ、ということになる。……これが予備校での授業や受験参考書が教えていることであり、受験生が身につけようとしていることなのである」と断定しています（九六〜九八ページ）。

確かに、この指摘は一面では当たっています。ですが、佐伯さんが俎上に乗せた予備校の授業は、私や良心的な予備校教師がさんざん批判してきた「受験テクニック伝授型」のものに過ぎません。これが克服されるべき授業であるという点に異論はありません。ですが、私がこれまでに本書で論じてきた、予備校の他の一面が学校教育に対して投げ掛ける課題は、決して無視できるものではないはずです。少なからぬ受験生が、予備校に学ぶことで初めて学習内容が理解できるようになったり、世界観・人生観をゆさぶられたりしたのであれば、なぜその受験生を高校までの学校教育では掬《すく》いきれなかったのか。また、大学生の学習意欲喪失がよく言われますが、であるならば、なぜ予備校で得られた知的感銘が大学教育では引き取れないのか。このように問題をたてるほうが、現実の切実な教育問題を解決するうえで、よほどか生産的な議論になるでしょう。

佐伯さんが「あとがき」で述べている執筆動機には全く同感ですが、出てきた結論がこれでは、いつまでたっても憂さ晴らし的な予備校批判が繰り返されるだけです。佐伯さんの執筆動機――「塾や予備校では何が起こっているのかを教育を語る人はちゃんと見る必要がある」は、結局達成しきれませんでした。ならば、それを私が引き取ってみよう。私が教育誌に予備校の授業論を正面切って書き始めた直接の動機はこういうものでした。

本書は、こうした契機で書いたものを含む以下の論稿に加筆し再構成したものです。

＊「予備校における現代史教育の可能性」『教育』（国土社、一九九四年一〇月号）所収

＊「現代を知りたがっている予備校生」『平和教育　第52巻』（日本平和教育研究協議会、一九九七年六月）所収

＊「予備校生を熱くする正体は何だったのか」（佐伯胖著『子どもが熱くなるもう一つの教室』への書評）『教育』（国土社、一九九八年五月号）所収

＊「予備校授業の実態と可能性」『教育』（国土社、一九九九年一〇月号）所収

＊「予備校生の『学力』の現状」『高校のひろば』（旬報社、一九九九年一二月号）所収

＊「『多様化』時代の大学受験生」『教育』（国土社、二〇〇〇年三月号）所収

＊「予備校から見える風景①～⑤」『月刊ジュ・パンス』（高文研、二〇〇〇年四月号～八・九月号）所収

＊「『国民の歴史』を超える教育実践の構想」『日韓教育フォーラム第六号』（二〇〇〇年七月）所収

私は予備校を美化するつもりはありませんし、予備校が今日の教育困難に対する救世主だとも思っておりません。ですが、予備校の授業に感動する学生があとを絶たないというのも事実なのです。そこを出発点として学校と予備校の接点を探ることで、十年一日のごとき不毛な議論を越えて、生産的で現実的な議論ができるはずです。たとえば、本書では私自身の授業例を臆面もなくいくつも紹介しましたが、「どうだ！　いい授業だろう」などと言うわけではありません。歴史学専攻ではないお前の授業は学問的理解が不十分だ、と言われるかもしれません。すべての学校でお前の授業が通用するわけないだろう、と言われるかもしれません。いずれもその通りだと思います。これを授業検討の叩き台にしてもらえばよいと思ったのです。

教育学の勉強を進めながら予備校で教えることに対して、「はじめに」で申しましたような批判・揶揄を受け続けてきたおかげで自己嫌悪に陥ることもしばしばでした。ですが、

どっちつかずの立場で言いたい放題言っているうちに、次第に私の課題意識に理解を示して下さる方に出会うようにもなってきました。研究会などで知り合った学校の教師や研究者の方々がそうですし、私が発表した論稿に注目してくださった高文研、研究者なのか実践者なのかわからないスタンスの取り方を理解し励まし続けてくれた恩師や友人、息子の気ままな振る舞いを認めてくれた両親などがそうです。そういった方たちとの関わりが、私の発言にもなにがしかの意味があるのかも、と思い直させてくれる原動力でした。

そして、誰よりも、私の授業を受け続けてくれる予備校の学生たちや、大学生になっても、社会人や大学院生になっても、時に私のことを思い出して遊びにきてくれる卒業生たち。そういう学生たちがいる限り、予備校教師としての私の存在や発言には意味があるのだろう。そう確信が持てるのです。

二〇〇一年一〇月

竹内 久顕

竹内 久顕（たけうち・ひさあき）
1962年、神奈川県生まれ。東京大学法学部・東京大学大学院教育学研究科博士課程を経て、現在、駿台予備学校日本史科非常勤講師・秀英予備校日本史科非常勤講師、東京女子大学・法政大学・和光大学非常勤講師として教壇に立っている。専攻は平和教育、歴史教育、憲法教育。日本教育学会平和教育専門委員会幹事、日本平和学会会員、教育科学研究会「平和・人権と教育」部会世話人、歴史教育者協議会会員など。
HP　http://www5b.biglobe.ne.jp/~elmopapa/

予備校教師からの提言
――授業・入試改革へ向けて

●二〇〇一年一〇月二五日――第一刷発行

著　者／竹内久顕

発行所／株式会社 高文研
東京都千代田区猿楽町二―一―八
三恵ビル（〒一〇一＝〇〇六四）
電話　03＝3295＝3415
振替　00160＝6＝18956
http://www.koubunken.co.jp

組版／高文研電算室
DTPソフト／パーソナル編集長 for Win
印刷・製本／光陽印刷株式会社

★万一、乱丁・落丁があったときは、送料当方負担でお取りかえいたします。

ISBN4-87498-266-2　C0037